KB264071

세계사 연대기

읽자마자
사건과 인물이 보이는

세계사 연대기

아즈하타 가즈유키 지음 | 한세희 옮김

보누스

차 례

이 책은 1만 년의 세계 역사를 한 권으로 정리했습니다. 각 시대와 사건을 연대별로 정리한 다음, 역사적으로 중요한 사건에 대해서는 이해하기 쉽게 해설을 덧붙였습니다. 책을 펼치자마자 연대·요약·해설이 한눈에 보이는 구성으로 세계사의 주요 사건과 시대 배경, 역사적 인물들의 활약상을 더욱 명료하게 이해할 수 있을 것입니다.

"한눈에 파악한다!"

세계사를 흐름에 맞게 정리하면 각 핵심을 연계하여 기억하기 쉬워집니다. 특정 역사의 흐름을 좀 더 자세히 이해할 필요가 있을 때 '한눈에 파악한다!' 코너를 활용해 보세요. 복잡하게 얽힌 역사적 사건의 개요와 진행 과정이 한눈에 들어올 것입니다.

문화사를 체크하면 세계사 교양력이 올라간다

장마다 마지막 부분에 '문화사'에 관한 문제들을 수록했습니다. 주요 사건과 인물 이외에도 해당 시대에 발전한 문화와 예술을 퀴즈 형식으로 쉽고 빠르게 확인할 수 있습니다. '문화사 CHECK!' 코너를 통해 세계사 교양 지식을 한층 높여 보세요.

'세계사 총정리 연표' 수록!

이 책에 수록한 주요 연대를 시대순으로 한 번에 정리했습니다. 기원전 7000년부터 21세기에 이르기까지의 주요 역사적 사건들을 시간의 흐름에 따라 총정리 연표로 만들었습니다. 연도·사건·수록 페이지를 모두 표시하여 세계사의 모든 순간을 일목요연하게 파악할 수 있습니다. 찾아보기, 동시대 비교 및 정리, 암기 등 다방면으로 활용하길 바랍니다.

제 1 장

고대 오리엔트 · 지중해 세계

BC~5세기 후반

세기

BC
1
2
3
4
5
6
7
8
9
10
11
12
13
14
15
16
17
18
19
20
21

BC 7000년경   농경·목축 시작

BC 7000년경, 서아시아에서 벼를 재배하고 양·소·돼지 등 가축을 사육했다.

BC 3000년경   수메르인의 도시국가 건설

BC 3000년경 수메르인이 도시국가 우루크를 건설했다.

같은 해

· BC 3000년경
  상하 이집트 통일

BC 1792년경   함무라비 왕 즉위

함무라비 제1왕조 제6대 왕인 함무라비가 BC 1792년경 즉위하여 전성기를 열었다.

BC 1351년경   아멘호테프 4세 즉위

BC 1351년, 신왕국 시대 이집트에서 아멘호테프 4세가 즉위했다.

`경과` ❶ 450만 년 전부터 인류는 뗀석기를 활용하여 수렵·채집 생활을 했다. 이 시대를 구석기 시대라고 부른다.
❷ BC 7000년경 서아시아에서 농경·목축이 시작되었고 같은 시기에 간석기도 만들어졌다. 이 신석기 시대 초반부터 인구가 증가하고 문명의 기초가 다져졌다.

◆ **인류의 발전**
최초의 인류(약 700만 년 전~)
· 직립 이족보행
· 오스트랄로피테쿠스로 진화
호모 에렉투스(약 240만 년 전~)
· 불과 언어를 사용
호모 하이델베르겐시스(약 60만 년 전~)
· 네안데르탈인
호모 사피엔스(약 20만 년 전~)
· 크로마뇽인

`경과` ❶ BC 3000년경 메소포타미아에서 수메르인이 신전을 중심으로 성벽을 쌓은 형태의 도시국가를 건설했다.
❷ 같은 시기에 왕(파라오) 메네스가 이집트를 통일했다.
❸ 메소포타미아 문명은 쐐기문자(설형문자)와 태음력을 썼고, 이집트 문명은 상형 문자인 신성문자(히에로글리프)와 태양력을 썼다.

◆ **고대 메소포타미아**
BC 3000년경
· 수메르인의 활약(민족 계통 불명)
· 셈(Sem)계 민족이 계승
BC 24세기
· 아카드 왕국 수립
BC 19세기
· 아모리인이 고바빌로니아 왕국 (바빌론 제1왕조) 건설

`경과` ❶ BC 19세기, 아모리인이 바빌론을 수도로 고바빌로니아 왕국(바빌론 제1왕조)을 건설했다.
❷ 제6대 함무라비 왕(재위 BC 1792년경~BC 1750년경)은 주변 모든 국가를 제압하고 메소포타미아 전역을 지배했다.
❸ '눈에는 눈, 이에는 이'라는 동해보복법과 신분 제도를 원칙으로 하는 함무라비 법전을 반포했다.
❹ 히타이트족에 의해 왕국이 멸망했다.

◆ **BC 2000년 무렵의 오리엔트**
BC 20세기
· 인도·유럽어족의 이동
BC 19세기
· 바빌론 제1왕조 수립
BC 17세기
· 힉소스의 이집트 침입
BC 13세기
· 바다 민족(Sea Peoples) 진출

`경과` ❶ 이집트 중왕국을 지배하던 힉소스를 추방하고 BC 16세기에 이집트 신왕국을 건설했다.
❷ 신왕국 시대 제18왕조인 아멘호테프 4세는 신관 세력이 강한 지역인 테베에서 아마르나로 수도를 옮겼다.
❸ 그는 유일신 아톤(Aton)의 신앙을 강조하고 스스로 '아톤에게 사랑받는 자'라는 뜻인 아케나톤(Akhenaton)으로 개명했다.

◆ **고대 이집트**
고왕국(BC 27세기~BC 22세기)
· 수도: 멤피스
· 피라미드 건설
중왕국(BC 21세기~BC 18세기)
· 수도: 테베
· 힉소스의 침입
신왕국(BC 16세기~BC 11세기)
· 람세스 2세가 히타이트와 카데시에서 전투

세기

BC
1
2
3
4
5
6
7
8
9
10
11
12
13
14
15
16
17
18
19
20
21

BC 13세기경　바다 민족의 진출

민족 계통이 불분명한 바다 민족(Sea Peoples) 집단이 동쪽 지중해 일대에
진출하여 이집트 신왕국을 공격하고 히타이트를 멸망시켰다.

BC 612년　아시리아 왕조 멸망

오리엔트 전역을 처음으로 통일한 아시리아가 멸망하고
4개 왕국의 분립 시대가 되었다.

BC 525년　아케메네스 왕조의 페르시아, 모든 오리엔트를 통일

캄비세스 2세가 이집트를 정복하고 오리엔트를 재통일했다.

더 알아보기
· BC 330년
　아케메네스 왕조 멸망

BC 508년　클레이스테네스의 개혁

아테네의 클레이스테네스는 도편추방제를 제정하고 민주 정치의 길을 열었다.

더 알아보기
· BC 509년
　로마 공화정 개시

경과 ❶ BC 13세기 말, 동쪽 지중해 지역에 바다 민족이라고 불리는 다양한 민족으로 이루어진 집단이 진출하고 이주를 감행했다.
❷ '바다 민족'이라는 명칭은 이집트의 비문(碑文)에서 유래했다.
❸ 이들의 진출로 인해 시리아 지방에서 이집트와 히타이트 세력이 약해졌고, 셈계 민족의 활동은 활발해졌다.

◆ **셈계 민족의 활동**
아람인
· 다마스쿠스 중심으로 활동
· 낙타를 활용한 중계 무역
페니키아인
· 시돈, 티레 도시 건설
· 지중해 무역 독점
히브리인
· 다윗, 솔로몬 시대에 전성기

경과 ❶ 아시리아는 BC 2000년 무렵 북메소포타미아에서 탄생했다. 수도는 니네베(Nineveh).
❷ BC 7세기, 오리엔트 전역을 통일했다.
❸ 강제 이주를 비롯해 가혹한 지배 정책으로 각지에서 반란이 발생했다. BC 612년 아시리아는 신바빌로니아와 메디아에 의해 멸망했다.
❹ BC 525년 아케메네스 왕조가 오리엔트를 재통일했다.

◆ **세계 제국과의 비교**
아시리아(셈계 민족)
잔혹한 지배(강제 이주·무거운 세금)
→ 단기간에 멸망
아케메네스 왕조(인도·유럽어족)
관용적인 지배(각지의 전통을 존중)
→ 장기간 존속

경과 ❶ 키루스 2세가 이란인을 통일했다.
❷ BC 550년, 키루스 2세는 메디아(Media)를 쓰러뜨리고 아케메네스 왕조 페르시아 제국을 건국했다.
❸ 키루스 2세는 리디아와 신바빌로니아까지 멸망시켰다.
❹ BC 525년 제2대 왕인 캄비세스 2세가 이집트를 멸망시키고 모든 오리엔트를 재통일했다. 수도는 수사(Susa).

◆ **아케메네스 왕조의 군주**
① **키루스 2세**
　메디아를 쓰러뜨리고 독립
② **캄비세스 2세**
　이집트를 정복하고 오리엔트를 재통일
③ **다리우스 1세**
　인더스강까지 지배
　관용적 통치

경과 아테네에서는 솔론과 페이시스트라토스가 참정권을 점점 확대했다.
내용 ❶ 클레이스테네스는 부족을 해체하여 귀족정 재현을 막았다.
❷ 도편추방제를 채택하여 참주(독재자)의 출현을 방지했다.
참고 BC 509년 로마는 에트루리아인 왕을 추방하고 공화정 시대를 열었다.

◆ **고대 그리스사**
에게 문명 시대
　BC 2000년~: 크레타
　BC 1600년~: 미케네
암흑시대
　BC 12세기, 모든 왕국의 붕괴
폴리스 성립기
　BC 8세기, 아크로폴리스와 아고라를 중심으로 발전

세기
BC

BC 490년　마라톤 전투

아케메네스 왕조 페르시아의 원정군을
그리스의 모든 폴리스가 각지에서 격퇴했다.

BC 443년　페리클레스 시대

정권을 잡은 장군 페리클레스는 아테네의
직접 민주정을 완성했다.

BC 431년　펠로폰네소스 전쟁

델로스 동맹의 맹주인 아테네와 스파르타가 펠로폰네소스 전쟁(~BC 404년)을
벌였다.

BC 367년　리키니우스·섹스티우스법 (Lex Licinia Sextia) 제정

이 법의 제정으로 집정관(로마 공화정의 최고 관직) 두 명 중 한 명은
평민 계급에서 선출했다.

더 알아보기

· BC 287년
　호르텐시우스법 제정

경과 ▶ ❶ 제1회 원정: BC 492년 다리우스 1세가 파견한 원정군이 퇴각했다.

❷ 제2회 원정: BC 490년 마라톤에 상륙한 페르시아군을 밀티아데스의 아테네군이 격파했다.

❸ 제3회 원정: BC 480년 살라미스 해전에서 그리스군이 승리했다.

❹ 제4회 원정: BC 479년 플라타이아 전투에서 그리스군이 결정적 승리를 거뒀다.

◆ 다리우스 1세의 통치

속주제
· 각 주에 사트라프(총독·지사)를 파견하여 통치
· '왕의 눈'과 '왕의 귀'라는 감찰관이 지역을 돌며 감시

역전제
· '왕의 길'이라는 국도를 정비

경과 ▶ ❶ BC 478년, 그리스의 폴리스는 페르시아의 침입에 대비한 델로스 동맹을 결성했다.

❷ BC 454년, 맹주 아테네는 동맹 금고를 델로스섬에서 아테네로 옮겼다.

업적 델로스 동맹의 자금을 이용해 일하지 않는 시민에게도 일당을 주고, 모든 시민(여성·노예 제외)이 참가하는 직접 민주정을 완성했다.

◆ 그리스 민주정과 로마 공화정의 차이

원로원의 유무
→ 로마에서는 귀족정의 성격이 강한 원로원이 권위를 유지했다.

시민권의 개방성
→ 그리스는 시민권을 한정했으나 로마는 시민권을 개방했다.

경과 ▶ ❶ 아테네의 전제정권화에 펠로폰네소스 동맹을 맺고 있던 스파르타가 반발했다.

❷ 페르시아가 스파르타를 돕자 아테네는 고전했고, BC 429년 페리클레스가 병사했다.

❸ 이후 아테네에서는 데마고고스(선동정치가)가 정치를 지휘하는 중우정치에 빠졌다.

❹ BC 408년 스파르타가 승리했다.

❺ 아테네의 패배 이후 패권은 테베로 넘어갔다.

◆ 폴리스의 변질

시민 개병제의 붕괴(용병 유행)
폴리스 의식의 쇠퇴
↓

BC 371년
레욱트라 전투

BC 338년
카이로네이아 전투
→ 마케도니아가 통일

경과 ▶ ❶ 리키니우스·섹스티우스법으로 집정관(콘술) 두 명 중 한 명은 평민에서 선출했으며, 공유지는 500유게라(약 125ha)까지만 소유할 수 있도록 제한했다.

❷ BC 287년, 호르텐시우스법으로 평민회의 결의안이 원로원의 승낙 없이도 국법으로 제정되었다. 이것으로 법적 평등이 실현되었다.

◆ 로마 사회의 혼란

BC 133년
그라쿠스 형제의 개혁
→ 원로원의 반대로 실패
→ 내란의 1세기 시작

BC 91년
동맹시(市) 전쟁
→ 술라(Sulla)가 동맹시에 시민권 부여

BC 73년
스파르타쿠스의 난

BC 333년 이소스 전투

마케도니아의 알렉산드로스가 아케메네스 왕조 페르시아의 다리우스 3세를
이소스에서 격파했다.

더 알아보기
· BC 338년
  카이로네이아 전투

BC 264년 포에니 전쟁

로마는 페니키아인의 식민 도시인 카르타고와
세 번이나 포에니 전쟁을 치렀다.

더 알아보기
· BC 202년
  자마 전투

BC 44년 카이사르의 독재

카이사르는 종신 독재관이 되었으나 공화파에 의해 암살당했다.

더 알아보기
· BC 44년
  카이사르 암살 ➡

BC 31년 악티움 해전

옥타비아누스는 악티움 앞바다에서 안토니우스와
클레오파트라의 연합 해군을 물리쳤다.

 ❶ 마케도니아의 필리포스 2세는 BC 338년 카이로네이아 전투에서 그리스 연합군을 격파하고 코린토스 동맹을 결성했다.

❷ 그의 아들 알렉산드로스는 이소스 전투와 아르벨라 전투에서 아케메네스 왕조를 무너뜨렸다.

❸ 알렉산드로스는 인더스강까지 이르는 광대한 영토를 정복했으나 사후 부하들의 내분으로 분열했다.

❹ 그 결과 동서 문화가 융합되었는데, 이를 헬레니즘 시대라고 하며 약 300년 가까이 이어졌다.

◆ 알렉산드로스 제국

각지에 그리스인 파견
→ 그리스어가 광범위하게 퍼짐

동서 문화의 융합·보존
→ 페르시아의 통치법이 도입되어 로마 제국에도 전래
→ 알렉산드리아에 무세이온(BC 3세기 초에 설치한 왕실 부속연구소)이 건설되고, 이곳에서 에우클레이데스(유클리드)와 아르키메데스가 지식을 쌓음

원인 BC 272년 반도를 통일한 로마와 서지중해를 지배한 페니키아인의 식민 도시 카르타고가 대립했다.

경과 ❶ 제1차(BC 264년~BC 241년): 시칠리아를 빼앗아 첫 속주로 삼았다.

❷ 제2차(BC 218년~BC 201년): 한니발에 고전했으나 대(大) 스키피오가 자마 전투에서 승리했다.

❸ 제3차(BC 149년~BC 146년): 카르타고가 멸망했다.

◆ 페니키아인
· 후배지(도시나 항구의 세력권에 속한 주변 지역)인 산지에서 선박 재료에 적합한 백향목을 산출
· 해상 무역으로 번영
· 티레 출신 사람들이 튀니지에 카르타고 식민 도시를 건설
· 아케메네스 왕조의 보호 아래에서 번영 지속
· 로마의 속주로 편입

경과 ❶ BC 60년 평민파인 카이사르와 귀족파인 폼페이우스·부호인 크라수스가 원로원에 대항해 제1회 삼두정치를 개시했다.

❷ 갈리아 원정 성공으로 명성을 높인 카이사르와 원로원과 결탁한 폼페이우스가 대립하며 BC 49년 내전이 발생했다.

❸ BC 44년 종신 독재관이 된 카이사르에게 반발한 공화파가 카이사르를 암살했다.

◆ 카이사르 관련사

BC 88년	평민파 마리우스와 귀족파 술라의 대립
BC 60년	제1회 삼두정치
BC 58년	카이사르의 갈리아 원정
BC 48년	카이사르의 이집트 원정
BC 44년	카이사르 암살
BC 43년	제2회 삼두정치

경과 ❶ 카이사르 암살 이듬해(BC 43년), 옥타비아누스·안토니우스·레피두스가 원로원의 요청으로 제2회 삼두정치를 개시했다.

❷ 옥타비아누스는 프톨레마이오스 왕조 최후의 왕녀 클레오파트라와 결탁한 안토니우스를 무찔렀다.

❸ 이듬해(BC 30년) 이집트를 평정하고 로마의 속주로 삼았다.

◆ 이집트사

BC 525년	아케메네스 왕조
BC 304년	프톨레마이오스 왕조
BC 30년	로마 제국
	동로마 제국
641년	이슬람의 지배
1250년	맘루크 왕조
1517년	오스만 제국
1805년	무함마드 알리 왕조

세기

| BC |
| 1 |
| 2 |
| 3 |
| 4 |
| 5 |
| 6 |
| 7 |
| 8 |
| 9 |
| 10 |
| 11 |
| 12 |
| 13 |
| 14 |
| 15 |
| 16 |
| 17 |
| 18 |
| 19 |
| 20 |
| 21 |

BC 27년 — 제정 로마 시작

옥타비아누스는 원로원으로부터 '존엄자'라는 뜻의
칭호인 아우구스투스(Augustus)를 부여받고
원수정(Principatus)을 시작했다.

96년 — 5현제 시대 개막

네르바 황제 즉위 이래 약 100년간 5현제 시대가 열렸으며,
로마 제국의 최전성기였다.

235년 — 군인황제 시대 개막

235년 이후 각 지역 군단이 황제를 옹립하며
약 50년간 혼란의 시대가 펼쳐졌다.

더 알아보기

· 284년
  도미나투스(로마의
  전제군주제) 시작

313년 — 밀라노 칙령

콘스탄티누스 황제가 밀라노 칙령을 반포하면서 기독교를 공인했다.

내용 ❶ BC 27년 옥타비아누스는 원로원에서 아우구스투스라는 칭호를 받았다. 이 이후를 제정(帝政)이라고 한다. ❷ 그는 공화정의 전통인 원로원과 공동 통치하는 형태로 요직을 겸임했다. 이를 원수정이라고 한다. ❸ 라틴 문학은 황금기를 맞이했다.

◆ 율리우스 왕조

BC 27년~AD(기원후) 14년
아우구스투스의 치세

9년
토이토부르크 전투

30년
예수 처형

54~68년
제5대 황제 네로의 자살로 율리우스 왕조의 대가 끊김

경과 ❶ 네르바, 트라야누스, 하드리아누스, 안토니누스 피우스, 마르쿠스 아우렐리우스까지 5현제 시대가 열렸다. ❷ 양자 제도로 뛰어난 황제가 즉위하고 제국은 번영했다. ❸ 트라야누스 황제 시절 로마는 최대 영토를 기록했다. ❹ 제정 시작부터 5현제 시대에 이르는 시기를 팍스 로마나(Pax Romana)라고 한다.

◆ 제정기 사회

라티푼디움(latifundium. 광대한 토지)
│ 팍스 로마나 시대에 노예 감소
↓

콜로나투스(colonatus. 경작인)
=
증세에 의한 도시 몰락
+
각 지역 군대 독재화

배경 제국의 기초를 이루던 라티푼디움(장원) 제도는 5현제 시대가 되자 한계를 맞이하고 콜로나투스 제도로 바뀌었다.

경과 ❶ 235년부터 각지의 군대가 황제를 옹립하고 싸우는 시대가 되었으며, 사산 왕조나 게르만의 침입도 빈번했다. ❷ 284년 디오클레티아누스가 즉위하고 도미나투스(전제정)를 개시했다.

◆ 디오클레티아누스

284년
도미나투스 개시
(황제 숭배, 절대 복종)

293년
사두정치
(동서 정부제)

303년
최후의 기독교 대박해

배경 ❶ 30년 무렵 예수가 로마에 대한 반역죄로 처형되었으나 이후 기독교가 탄생했다. ❷ 베드로와 바울 등에 의해 신자는 늘어났지만, 네로나 디오클레티아누스의 박해를 받았다.

내용 콘스탄티누스 1세가 제국을 재통일할 필요성을 느끼고 313년에 신앙의 자유를 인정했다.

◆ 예수 관련사

BC 7년 또는 BC 4년경 출생
· 팔레스타인에서 포교 시작
· 로마에 대한 반역죄로 30년경 처형
· 예수를 구세주로 믿는 사람들이 기독교를 탄생시킴

세기

BC
1
2
3
4
5
6
7
8
9
10
11
12
13
14
15
16
17
18
19
20
21

325년 니케아 공의회

콘스탄티누스 황제가 소아시아(아나톨리아)의
니케아에 교회 대표자들을 모아 회의를 개최했다.

더 알아보기
· 431년
  에페소스 공의회
· 451년
  칼케돈 공의회

375년 게르만족의 대이동

훈족의 압박으로 서고트족이 남하했고,
이듬해인 376년에 도나우강을 넘었다.

392년 기독교의 국교화

테오도시우스 황제는 기독교 이외의 신앙을 금지하고 기독교를 국교로 삼았다.

476년 서로마 제국 멸망

서로마 제국은 게르만족의 용병 군대
오도아케르에 의해 멸망했다.

`내용` ❶ 325년 콘스탄티누스는 교리(교의) 논쟁을 해결하기 위해 소아시아의 니케아에서 공의회를 열었다.
❷ 예수를 신과 동일시하는 아타나시우스파를 인정하고, 예수를 사람으로 보는 아리우스파는 이단으로 보았다.
❸ 아타나시우스파는 이후, 아버지 신(성부)과 아들 예수(성자), 성령을 하나로 보는 삼위일체설을 전통 교의로 보았다.

◆ **기독교의 교리 논쟁**
아리우스파
· 예수를 인간으로 봄
· 게르만족에게 보급
네스토리우스파
· 예수의 신성과 인성을 분리
· 페르시아와 중국으로 전래
단성론
· 예수를 신으로 봄
· 이집트에 보급

`원인` 농경 발전으로 인구가 증가하고 토지가 부족해지면서 로마 제국이 쇠퇴했다.
`경과` ❶ 훈족이 흑해 북단의 동고트족을 복속시켰고, 이로 인해 375년 서고트족이 남하를 시작했다. 376년 도나우강을 건너 로마 제국을 침입했다.
❷ 5~6세기에는 다른 게르만족도 이동하여 로마 제국 내외에 나라를 세웠다.

◆ **3세기의 위기**
지구의 한랭화 진행
민족 이동 시작
↓
4세기
| 로마: 게르만족 남하
| 중국: 오호(흉노, 선비 등) 남하
‖
고대 제국의 붕괴·분열

`경과` ❶ 로마는 기본적으로 종교에 관용적이었지만, 디오클레티아누스 황제는 기독교를 박해했다.
❷ 그 뒤에도 신자는 꾸준히 증가했고, 콘스탄티누스 황제는 기독교를 공인했다.
❸ 380년 테오도시우스 황제는 기독교 신앙을 강요했으며, 392년에는 기독교 이외의 신앙을 금지했다.

◆ **고대 종교**
조로아스터교
· 조로아스터(Zoroaster)가 창시
· 사산 왕조의 국교
미트라교
· 태양신 미트라를 믿는 이란 기원의 밀의(신비) 종교
마니교
· 3세기에 마니(Mani)가 창시
· 조로아스터교·기독교·불교 등을 융합

`경과` ❶ 410년 서고트, 451년 훈족 왕 아틸라, 455년 반달이 서로마 제국에 침입했다.
❷ 476년, 게르만족의 용병 대장 오도아케르가 이탈리아의 왕이라 칭하며 서로마 제국이 멸망했다.
❸ 493년, 오도아케르는 동로마 황제의 명을 받든 동고트 왕 테오도리쿠스에 의해 살해당했다.

◆ **이탈리아 지배의 변천**
395~476년
서로마 제국
493~555년
동고트 왕국
555~568년
동로마 제국
568~774년
랑고바르드 왕국

제1장 문화사 CHECK!

	문제		정답
1	알타미라와 라스코 등의 동굴에 남겨진 고대 인류의 미술은?	**1**	동굴 벽화
2	수메르인이 만든 점토판에 새겨진 문자는?	**2**	쐐기문자(설형 문자)
3	수메르인이 도입한 것으로 달이 차고 기우는 것을 기준으로 한 달력은?	**3**	태음력
4	신전이나 묘실에 새겨진 이집트의 상형 문자는?	**4**	신성문자(히에로글리프)
5	나일강 유역에 무성한 풀로 만든 종이의 일종인 이것은?	**5**	파피루스
6	BC 14세기 아멘호테프 4세 시대에 번성한 사실적인 미술은?	**6**	아마르나 미술
7	고대 이란에서 탄생하여 사산 왕조 시대에는 국교였던 종교는?	**7**	조로아스터교(배화교)
8	밀레토스를 중심으로 발생한 세계를 합리적으로 이해하려는 학문은?	**8**	이오니아 자연철학
9	《일리아스》와 《오디세이아》로 알려진 그리스 시인은?	**9**	호메로스
10	'학문의 조상'으로 불리는 고대 그리스 철학자는?	**10**	아리스토텔레스
11	페르시아 전쟁을 주제로 한 역사서를 저술한 사람은?	**11**	헤로도토스
12	금욕과 이성을 중시하는 가르침을 설파한 헬레니즘 시대의 철학 학파는?	**12**	스토아 학파
13	헬레니즘 시대에 널리 사용한 그리스어는?	**13**	코이네 그리스어
14	로마의 국가 서사시 《아이네이스》로 알려진 아우구스트 시대의 시인은?	**14**	베르길리우스
15	로마에서 남이탈리아로 이어지는 고대 로마에서 가장 오래된 도로는?	**15**	아피아 가도
16	게르만족 사회를 기록한 《게르마니아》를 쓴 사람은?	**16**	타키투스
17	《신국론》을 저술했으며 교부(敎父)로 존경받는 주교는?	**17**	성 아우구스티누스

남아시아
·
동아시아
I

BC~10세기 초

BC 1500년경 아리아인의 인도 진출

아리아인이 펀자브 지역으로 진출했다.

BC 317년 마우리아 왕조 수립

찬드라굽타가 마우리아 왕조를 세우고
북인도를 처음으로 통일했다.

BC 268년경 아소카 왕 즉위

아소카 왕이 즉위하여 불교가 융성했으며 마우리아 제국의 최고 전성기를
이룩했다.

BC 248년 파르티아 건국

셀레우코스 왕조가 아닌 이란계 유목민 족장 아르사케스가
파르티아를 건국했다.

경과 ❶ BC 2300년경 인도에서 인더스 문명이 발생했다.
❷ BC 1500년경 인도·유럽어족인 아리아인이 카이바르
계곡을 넘어 펀자브 지역으로 진출했다.
❸ BC 1000년에는 아리아인이 갠지스강 유역으로 이동했
으며, 철기를 활용한 경작을 시작했다. 그 과정에서 바르나
(카스트) 계급이 성립했다.

계기 알렉산드로스가 서북 인도를 침입했다.
경과 ❶ 난다 왕조 마가다 왕국의 무장인 찬드라굽타가
마우리아 제국을 건국했다.
❷ 그는 파탈리푸트라를 수도로 북인도를 통일하고 셀레
우코스 제국의 영토인 아프가니스탄을 빼앗았다.
❸ 남인도에서는 드라비다인이 판디아 왕조를 세웠다.

업적 ❶ 마우리아 왕조의 3대 황제로 남부를 제외한 인
도를 통일하고 전성기를 맞이했다.
❷ 관료제와 상비군을 정비하고 왕국을 직할령과 속주로
나누어 통치했다.
❸ 불교를 보호하고 불전을 편찬 및 정리했으며(불전 결집),
스리랑카에 불교를 포교했다. 달마(사회윤리)에 의한 덕치
를 이상으로 삼고 전 국토에 마애비와 석주비를 세웠다.

경과 ❶ 알렉산드로스 사후 그리스계 셀레우코스 왕조
가 세워졌다.
❷ BC 255년, 셀레우코스 왕조에서 그리스계 왕국인 그리
스-박트리아 왕국이 독립했다.
❸ BC 248년, 이란계 유목민인 아르사케스가 카스피해 동
남부에 파르티아를 건국했나.
❹ 파르티아는 교역으로 번영을 이루었지만, 사산 왕조에
게 멸망했다.

동시대사

BC 1600년경
  미케네 문명 발생
BC 1567년
  이집트 신왕국 제18왕조 시작
BC 1479년
  투트모세 3세 즉위
BC 1000년경
  헤브라이(이스라엘) 왕국, 다비드 왕
  즉위

◆ **고대 인도 역사**
BC 7세기
  16대국 시대
BC 4세기 후반
  난다 왕조의 마가다 왕국 지배
BC 327년
  알렉산드로스의 서북 인도 진출
BC 317년
  마우리아 왕조 수립

◆ **불전 결집**
  붓다 사후 제자들이 불전 편찬 및
  정리
제3차 불전 결집(마우리아 왕조 시기)
  ·아소카 왕
  ·팔리어 불경
제4차 불전 결집(쿠샨 왕조 시기)
  ·카니슈카 왕
  ·산스크리트어 불경

◆ **파르티아**
BC 3세기 건국
  수도: 크테시폰
BC 2세기
  미트리다테스 1세 즉위
BC 1세기
  로마의 크라수스군 격파
AD 1세기
  중국 후한(後漢) 대사 감영 방문

세기

130년경 카니슈카 왕 즉위

쿠산 왕조의 카니슈카 왕이 즉위하고,
대승불교와 간다라 미술이 번성했다.

192년경 참파 독립

인도네시아계 참족이 세운 참파가 후한으로부터 독립했다.

224년 사산 왕조 건국

아르다시르 1세가 파르티아를 무너뜨리고 사산 왕조 페르시아를 세웠다.

320년경 굽타 왕조 수립

찬드라굽타 1세가 갠지스강 유역에 굽타 왕조를 세웠다.

경과 ❶ 1세기 중반 이란계 쿠샨 왕조가 대월지(중국 전국시대부터 한나라 때까지 중앙아시아에서 활약한 이란계 또는 튀르크계 민족 국가)로부터 독립하고 쿠샨 왕조(~3세기)를 건국했다.
❷ 수도는 푸루샤푸라(현재의 페샤와르)이며 동서 교역으로 번영했다.
❸ 카니슈카 왕(재위 130~170년) 시절에 전성기를 맞이하여 서쪽으로 파르티아, 동쪽으로 후한과 접한 대제국을 이루었다.
❹ 3세기, 사산 왕조에 의해 쇠퇴했다.

◆ **쿠샨 왕조 시대**
간다라 미술의 성립
· 헬레니즘 문화의 영향
· 물결 모양 머리카락과 옷 주름이 특징
대승불교 보호
· 보살 신앙 전파
· 불교철학자 나가르주나(용수)가 대승불교를 이론화
· 중국·일본에 전파

경과 ❶ 베트남 중부에서 참족이 참파를 건국하고 192년에 후한으로부터 독립했다.
❷ 당나라 시대에는 임읍(林邑), 송나라 시대에는 점성(占城)이라는 이름으로 기록되어 있으며 동남아시아와 중국을 잇는 교역으로 번영했다.
참고 베트남 남부에는 1세기에 부남(메콩강 하류에서 1세기 말경부터 6세기 중엽까지 번영한 왕국)이 교역으로 번영했지만, 7세기에 진랍(현재의 캄보디아와 메콩강 삼각주 지역)에게 멸망했다.

◆ **2세기 베트남**

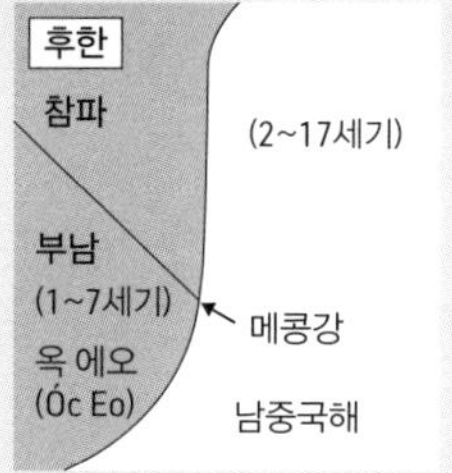

경과 ❶ 224년, 이란계 농민이 파르스 지역에서 크테시폰을 수도로 하여 건국했다.
❷ 초대 샤한샤(왕중왕)는 아르다시르 1세. 제2대 샤한샤 샤푸르 1세는 로마의 발레리아누스 황제를 포로로 잡았다.
❸ 6세기, 제25대 샤한샤 호스로 1세 시절 최전성기를 맞이했다.
❹ 7세기, 이슬람 세력에 멸망했다.

◆ **페르시아의 영향**
문화가 각지에 파급
· 조로아스터교
· 은그릇과 유리 공예
문서 행정에 의한 관료제
· 페르시아어가 유라시아 각지의 공용어로 채택
· 몽골 제국, 무굴 제국, 오스만 황제도 페르시아어 황제 칭호인 파디샤 사용

경과 ❶ 320년 무렵, 찬드라굽타 1세가 굽타 왕조를 건국했다. 수도는 파탈리푸트라.
❷ 5세기 초반 찬드라굽타 2세 시절 전성기를 맞이했다.
❸ 6세기, 에프탈의 침입과 지방 세력의 자립화로 쇠퇴하며 멸망했다.
❹ 606년, 굽타 왕족인 하르샤가 바르다나 왕조를 수립했다.

	마우리아 왕조	굽타 왕조
수도	파탈리푸트라	
건국	찬드라굽타	찬드라굽타 1세
특징	·중앙 집권제 ·관료와 상비군 ·도로망 정비 ·불교 중용	·지방분권 ·부속 지역의 연합 성격 ·브라만(바라문) 중용

한눈에 파악한다!

중국 왕조사

BC 16세기	은(殷)	6세기	수(隋)
BC 11세기	주(周)	7세기	당(唐)
BC 3세기	진(秦)·한(漢)	10세기	송(宋)
3세기	삼국시대	13세기	원(元)
4세기	진(晉)	14세기	명(明)
		17세기	청(淸)

BC 221년 진의 시황제, 중국 통일

진왕은 전국칠웅을 통일하여 시황제가 되었으며,
군현제로 전국을 통치했다.

BC 202년 전한 건국

농민 출신인 유방이 초(楚)의 장수인 항우를 이기고 전한(前漢)을 세웠다.

| 각 왕조의 특징 |

❶ 은: 읍제국가(읍을 국가 구조의 기본 단위로 하는 나라)

❷ 주: 봉건제 실시

   춘추 전국: 철제 농기구·소를 이용한 농사로 생산력 상승

❸ 진: 군현제 실시·법치주의

❹ 한: 무제에 의한 중앙 집권·유교 채택

❺ 수: 북위에서 시행했던 균전제 실시

❻ 당: 율령제 실시·절도사의 대두

| 당송 개혁 |

   귀족 중심의 율령제 → 황제 중심의 관료제

   지배층: 귀족 → 사대부

   장안(정치도시) → 개봉(경제도시)

❼ 송: 황제권 강화·상업 발전

❽ 원: 몽골 지배·세계적 상업망

❾ 명: 황제 독재·은 유입

   명말~청초: 대교역 시대의 도래

❿ 청: 만주족 지배·황제 독재 완성

◆ 중국 왕조의 수도 변천

| ~당 |

함양(셴양)
(진) 동서 이동
장안 ←——→ 낙양(뤄양)

전한 / 수 / 당   동주 / 후한 / 위·촉 / 북위

| 송~청 |

↑ 북경(베이징) (유목과 농경의 경계)
원 / 명 ※영락제 이후 / 청

남북이동

개봉(카이펑) (황하와 운하가 교차)
(송)

남경(난징)
(명)

경과 ❶ 진나라는 BC 4세기 효공 시절, 상앙의 개혁으로 부국강병에 성공했다.

❷ BC 3세기, 진나라의 정왕이 중국을 통일하고 자신을 시황제라 칭했다.

❸ 전국 국토를 군현으로 나누고 중앙에서 파견한 관사에게 통치를 맡기는 군현제를 시행했다.

❹ 화폐와 문자를 통일하고 분서갱유를 시행했다.

❺ 기존의 장성을 연결 및 복원하여 만리장성을 짓고, 자신의 묘인 이산릉과 아방궁 등을 건설했다.

◆ 봉건제와 군현제

봉건제	군현제
천자	황제
봉토·작위 ↓↑ 군역·공납	관사 파견 ↓
제후	군·현

경과 ❶ 서민 출신인 유방이 BC 206년 진(秦)을 멸망시키고, BC 202년 초의 항우를 제압하여 장안을 수도로 전한을 세웠다.

❷ 유방(고조)은 봉건제와 군현제를 병용한 군국제를 시행했다.

❸ BC 200년 흉노의 선우(왕) 묵돌선우와의 백등산 전투에서 패배하고 흉노와 화친책을 취했다.

❹ 한은 약 400년간 중국 대륙을 통치했으며, 로마와 함께 동서 대제국이 되었다.

◆ 흉노의 역사

BC 215년
   진나라 몽염의 원정

BC 209년~BC 174년
   묵돌선우 집권 시기에 전성기 맞이

BC 129년
   한나라 위청의 원정

BC 60년 무렵
   동서 분열
   → 이후 48년 남북 분열

세기

BC
1
2
3
4
5
6
7
8
9
10
11
12
13
14
15
16
17
18
19
20
21

BC 141년 전한 무제 즉위

전한의 무제가 즉위하고 대영토를 확보한 한나라는
최전성기를 맞이했다.

25년 후한 건국

전한의 일족인 유수가 모든 반란을 평정하고 후한을 건국하였으며,
낙양을 수도로 했다.

184년 황건적의 난

태평도의 교조 장각이 이끄는 대농민(황건적)의 반란이
발생했고, 이후 후한은 쇠퇴했다.

220년 위(魏) 건국

조조의 아들 조비가 후한 최후의 황제인 헌제에게 황제 자리를 양위받아
위나라를 건국했다.

경과 ❶ 한(漢)은 원래 군국제를 실시했지만, 오초칠국의 난으로 중앙 집권화되었다.
❷ 한나라는 BC 2세기 무제 시절 전성기를 맞이했다.
❸ 장건을 서쪽의 대월지(大月氏)에 파견했다. 이어서 위청과 곽거병을 파견하여 흉노를 북방으로 내쫓고 하서회랑(고대 실크로드 지역)에 둔황 등 4군을 설치했다.
❹ 조선에 낙양 등 4군, 베트남에 일남 등 9군을 설치했다.
❺ 막대한 군비 지출로 재정이 크게 악화했다.

경과 ❶ BC 8년, 외척인 왕망이 한을 무너뜨리고 신(新)을 새로이 건국했다.
❷ 18년에 적미의 난이 발생하지만, 유수가 호족과 결탁하여 반란을 진압하고 후한을 건국했다.
❸ 1세기 말 반초가 서역도호가 되었고, 이때 영토를 가장 크게 확장했다. 그의 부하인 감영은 대진국(로마)으로 향했다.
❹ 이어서 호족·환관·외척 간의 세력 다툼과 대립이 격화했다.

배경 호족에 의한 대토지 소유가 진행되자 농민들은 그 소작인이 되어 몰락하고 국가 재정은 궁핍해졌다.
경과 ❶ 후한 말, 오두미도(五斗米道)와 같은 민간 신앙이 발생했으며 184년에 태평도(太平道)의 장각이 이끄는 황건적의 난이 발생했다.
❷ 반란 농민은 한나라의 적색과 대비되는 노란 두건인 황건을 두르고 활동했다.
❸ 태평도와 오두미도는 이후 도교 종파의 뿌리가 되었다.

경과 ❶ 황건적의 난은 장각의 병사 후 본거지에서는 진압되었지만, 잔당이 산동성 일대에서 저항을 계속했다.
❷ 혼란 속에서 후한의 헌제를 옹립한 조조 세력이 가장 강했지만, 208년 적벽에서 손권·유비 연합군에게 대패했다.
❸ 조조·손권·유비의 삼자 정립 상태가 지속되다가 220년 조조의 아들인 조비가 헌제에게 선양을 받아 위나라를 건국한다.

세기

BC
1
2
3
4
5
6
7
8
9
10
11
12
13
14
15
16
17
18
19
20
21

439년 남북조 시대 시작

선비족 탁발씨의 북위가 화북을 통일하고,
강남의 송과 대립하면서 남북조 시대가 되었다.

552년 돌궐 건국

튀르크계 유목민인 돌궐은 자신들이 복속해 있던 유연(柔然)을 무너뜨리고
일대 제국을 이루었다.

589년 수(隋)의 중국 통일

581년에 북조를 무너뜨리고 수나라를 세운 양견(문제)은 589년에 남조의
진(陳)을 멸망시키고 남북조를 통일했다.

618년 당(唐) 건국

수나라의 양제가 살해당하고 이연이 장안을 수도로
당나라를 건국했다.

경과 ❶ 265년, 사마염이 위를 격파하고 진(晉)을 건국하였으며, 280년에는 오(吳)를 격파하고 중국을 통일했다.
❷ 291년에 발생한 팔왕의 난은 북방 유목민의 침입을 초래했고, 316년에 진나라가 멸망했다.
❸ 진나라 황족은 강남으로 도망쳐 동진을 건국했다.
❹ 화북에 침입한 다섯 유목민(오호) 중 선비족이 439년 화북을 통일했다. 이로써 중국은 남북조 시대가 성립되었다.

◆ **북조와 남조**

북조	남조
·황제권 강대 ·수·당나라에서 이어받은 제도 (균전제) 정비 ·불교미술 발전	·다수의 한족이 유입되어 강남 개발 진행 ·귀족 중심의 우아한 문화가 발전

배경 흉노 제국이 몰락한 후, 선비(鮮卑)가 대두해 중국에서 북위를 건국했다. 공백 상태가 된 몽골고원에서는 5세기에 유연이 등장했다.

경과 ❶ 6세기 튀르키예계 돌궐이 등장하여 유연을 무너뜨렸고, 사산 왕조와 결탁해 에프탈을 정복했다.
❷ 수나라 문제에게 격파당해 583년 동돌궐·서돌궐로 분열했다.

◆ **유목 국가의 변천**
스키타이(BC 6세기~BC 3세기)
남러시아를 지배
흉노(BC 3세기~AD 1세기)
묵돌선우가 한과 항쟁
선비(4~6세기)
북위를 건국
유연(5~6세기)
몽골계
칸(가한)이라는 호칭 사용

경과 ❶ 북조의 외척 양견(문제)이 581년 수나라를 건국했다. 수도는 대흥성.
❷ 589년 남조의 진을 무너뜨리고 중국을 통일했다.
❸ 균전제·조용조제·부병제를 실시하고 과거제로 관리를 임용했다.
❹ 제2대 양제는 대운하를 완성하고 화북과 강남을 연결했다.
❺ 세 번에 걸친 고구려 원정에 실패했다.

◆ **척발(拓跋) 국가**
북위~수·당은 선비계 척발씨의 혈족으로 국가 정책도 유사

◆ **무천진(武川鎭) 군벌**
무천진은 평성(平城)을 지키는 요지
북조의 우문씨, 수의 양씨, 당의 이씨가 무천진 출신

경과 ❶ 618년, 이연(고조. 재위 618~626)이 당나라(~907)를 건국했다.
❷ 628년, 제2대 이세민(태종. 재위 626~649)이 중국을 통일했다. 율령 체제를 정비하고 '정관의 치'라고 불리는 태평성대를 이뤘다.
❸ 제3대 고종 시절, 서돌궐·백제·고구려를 평정하고 최대 영토를 구축했다. 정복지에 도호부를 설치하고 기미정책(이민족 견제 정책)을 원칙으로 통치했다.

◆ **3성 6부**
중서성(칙서 작성)
문하성(칙서 심의)
상서성(칙서 집행)
　├ 이부(관리 임용)
　├ 호부(재정)
　├ 예부(교육·외교)
　├ 병부(군사)
　├ 형부(사법)
　└ 공부(토목)

744년 위구르 왕국 건국

튀르크계 민족이 몽골고원에 위구르를 건국했다.

더 알아보기

·840년
키르기스에 멸망

755년 안사의 난

당의 절도사 안녹산과 부하인 사사명이 반란을 일으켰다.
이후 율령 체제가 무너졌다.

780년 양세법 시행

당의 덕종은 재상 양염의 제안에 따라 조용조제를
폐지하고 양세법을 시행했다.

907년 당 멸망

절도사 주전충이 당나라를 무너뜨리고 후량(後梁)을 건국하자
5대 10국의 분열 시대로 진입했다.

결정적 계기

·875년
황소의 난

배경 ❶ 수나라의 문제(文帝)에 의해 돌궐은 583년 동서로 분열했다.

경과 ❶ 744년 동돌궐이 무너지고 위구르 왕국이 세워졌다.

❷ 안사의 난을 계기로 토번(Tibetan)과 함께 당나라를 원조했다.

❸ 소그드족 상인의 중개로 견마무역(한나라의 견직물과 흉노의 말을 주로 거래한 무역)을 통해 번영했다.

❹ 840년 키르기스에 의해 멸망했다.

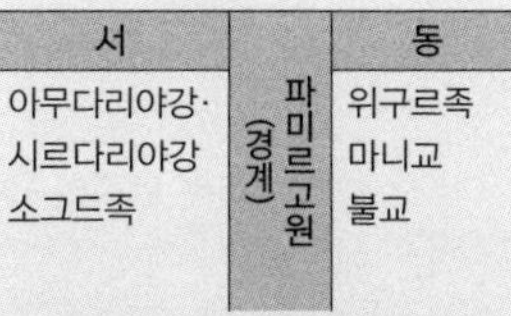

배경 ❶ 당의 제6대 황제 현종은 '개원의 치'라고 불리는 전성기를 이룩했다.

❷ 치세 후반, 양귀비를 총애하면서 정치가 문란해졌다.

경과 ❶ 755년, 절도사 안녹산과 사사명이 반란을 일으키고 장안을 점령하자 현종은 사천으로 피신했다.

❷ 763년, 반란군 사이에 내분이 일어나고 위구르의 원조를 받은 당이 반란을 진압했다.

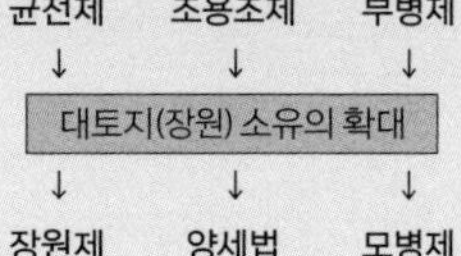

내용 ❶ 장원이 커지자 균전제가 붕괴하고 조용조제가 한계에 달했다. 이에 당은 780년 양염의 제안을 받아들여 양세법을 시행했다.

❷ 자산 수준에 따라 여름(보리)과 가을(조·쌀) 2회에 걸쳐 화폐로 세금을 내게 했다.

❸ 국가 소농민 지배라는 기존 원칙을 부수고 대토지 소유를 공인했으며, 호(戶)를 과세 대상으로 했다.

◆ 중국의 세제

수   조용조제
        ↓
당   양세법
        (780년 시행)
        ↓
명   일조편법
        (1581년경 보급)
        ↓
청   지정은제
        (1717년경 보급)

배경 안사의 난 이후 양세법을 시행했고 농민은 몰락했다. 각지의 절도사들은 지방을 장악했다.

경과 ❶ 875년, 산동 지방의 소금 밀매업자 황소와 왕선지가 난을 일으켜 장안을 점령했으나 884년 진압되었다.

❷ 907년, 반란군의 무장이었던 주전충이 당을 무너뜨리고 개봉을 수도로 후량을 건국하자 5대 10국 시대가 열렸다.

◆ 당 중심의 국제 관계

기미주(영역 내 간접 통치)
　도호부 설치
책봉(군신 관계)
　발해, 신라, 남조
조공(경제 관계)
　일본, 참파
가인(혼인 관계)
　돌궐, 위구르, 토번

1	범아일여(梵我一如)를 설파하고 제식지상(祭式至上)이 아닌 내면의 사색을 중시하는 인도 철학은?	**1**	우파니샤드 철학
2	보살 신앙을 특징으로 중국과 일본에 전해진 불교는?	**2**	대승불교
3	쿠샨 왕조 시대에 번성한 헬레니즘의 영향을 받은 미술은?	**3**	간다라 미술
4	4세기 무렵에 정리된 인도의 2대 서사시는?	**4**	《마하바라타》 《라마야나》
5	1세기경 그리스인이 쓴 인도양 주변 지역을 정리한 지리서는?	**5**	에리트라해 안내기
6	중국에서 춘추시대에 시작한 것으로 농업 생산력을 상향시킨 기술 두 가지는?	**6**	철제 농기구·우경
7	진나라 효공(孝公)을 따르고 진나라의 최대 번영을 이끈 법가의 학자는?	**7**	상앙
8	고대 중국에서 병사나 말을 흙으로 구워낸 것은?	**8**	병마용
9	유학의 관학화에 공헌한 전한 무제 시대의 유학자는?	**9**	동중서
10	고대 황제부터 전한·무제까지의 중국 통사인 《사기(史記)》를 쓴 사람은?	**10**	사마천
11	북위의 도교 국제화에 공헌한 도사는?	**11**	구겸지
12	각각 '화성'과 '서성'이라고 불리는 동진 시대의 예술가 두 사람은?	**12**	화성: 고개지 서성: 왕희지
13	인도로 넘어가 귀국 후 《대당서역기》를 쓴 당나라 승려는?	**13**	현장
14	달마가 창시했으며 송대에는 지식인에게 수용된 불교 종파는?	**14**	선종
15	《오경정의》를 편찬한 당나라 시대의 인물은?	**15**	공영달
16	고문(古文) 부흥을 이야기한 당송 8대가의 인물 중 두 명은?	**16**	한유·유종원
17	당 문화의 영향을 받은 일본에서 나라 시대 헤이조쿄를 중심으로 번성한 문화는?	**17**	덴표 문화

제 3 장

중세 유럽

5세기 말 ~ 15세기 말

493년

동고트 왕국 건국

게르만족의 분파가 이탈리아에 동고트 왕국과 랑고바르드 왕국을 건국했다.

더 알아보기
· 568년
  랑고바르드 왕국 건국

527년

유스티니아누스 황제 즉위

유스티니아누스 황제가 즉위하고 동로마 제국은
최전성기를 맞이했다.

726년

성상 숭배 금지령

동로마 황제 레오 3세가 성상 숭배를 금지하면서 동서 교회의 대립이 격화했다.

732년

투르·푸아티에 전투

프랑크 왕국의 궁재(재상) 카롤루스 마르텔이 이슬람 우마이야 왕조의 군대를
격파했다.

경과 ➊ 4세기에 아시아계 훈족이 동고트족의 영토 대부분을 정복했다.

➋ 5세기 후반에 등장한 테오도리크는 동로마 황제의 명을 받아 오도아케르를 격파하고, 이탈리아 왕이라 칭하며 493년 동고트 왕국을 수립했다.

➌ 6세기 동고트 왕국은 동로마 제국에 의해 멸망했다.

➍ 568년 북이탈리아에 랑고바르드 왕국을 건설했다.

◆ **수도원 운동**

1. 529년 베네딕투스가 몽트 카시노 수도원 창설
2. 슬로건은 '기도하고 일하라!'
3. 클리뉘 수도원은 교회 쇄신 운동 전개
4. 시토 수도회는 개간 운동 전개
5. 13세기에는 재산 소유를 부정하는 탁발수도회 성립

외정 반달 왕국과 동고트 왕국을 멸망시키고, 서고트 왕국으로부터 이베리아반도 남동부를 빼앗아 지중해 제국을 부흥시켰다.

사산 왕조의 호스로 1세와 대립했다.

내치 ➊ 동로마 황제는 서구와 달리 종교적인 면과 세속적인 면을 둘 다 갖춘 최고 권력자였다.

➋ 트리보니아누스 등에게 명하여 《로마법 대전》을 편찬했다.

➌ 성 소피아 성당을 건축했다.

◆ **동로마 제국의 군사 제도**

군관구(테마)제 (7세기~)
· 군사권과 행정권을 지닌 사령관이 통치
· 둔전병제

프로노이아제(11세기~)
· 귀족에게 국유지 관리권을 인정하는 대신 군사적 봉사를 의무화
※ 7세기 이후 그리스화가 진행된 동로마 제국은 비잔틴 제국이라 불림

배경 원래 성경에서는 우상숭배를 금지한다. 국내에서 부유해진 교회와 수도원을 압박하려는 목적도 있었다.

영향 ➊ 동로마 황제와 로마 교황 사이에 대립의 골이 깊어지고, 교황은 프랑크 국왕과 연대를 강화해 나갔다.

➋ 동로마 내에서도 843년에 금지령을 철회했다.

◆ **동로마 황제**

유스티니아누스 1세
· 지중해 제국의 부흥
이라클리오스
· 군관구(테마)제
· 그리스어를 공용어로 채택
바실리오스 2세
· 불가리아 제국 타도
알렉시오스 1세
· 십자군의 계기
· 프로노이아제

경과 ➊ 우마이야 왕조 군대는 711년 서고트 왕국을 멸망시켰다. 이후 메로빙거 왕조 프랑크 왕국으로 침입했다.

➋ 우마이야 왕조 군대는 732년 프랑크 왕국의 궁재인 카롤루스 마르텔 군대와의 싸움에서 내부 불화로 패배했다.

의의 ➊ 기독교 세계가 이슬람 침입의 위기에서 벗어났다.

➋ 카롤링거 왕조 성립의 기반이 되었다.

◆ **프랑크족의 발전**

1. 라인강 오른쪽 강변에서부터 왼쪽 강변으로 확장 이동
2. 481년 클로비스가 메로빙거 왕조 건국
3. 496년 아타나시우스파로 개종하고 로마와 제휴
4. 살리카 법전(여성의 왕위 계승 금지법) 편찬

BC
1
2
3
4
5
6
7
8
9
10
11
12
13
14
15
16
17
18
19
20
21

751년 — 카롤링거 왕조 수립

피핀이 교황의 지지를 받아 메로빙거 왕조를 폐하고 카롤링거 왕조를 열었다.

더 알아보기

· 756년
  피핀의 리벤나 침입

800년 — 카롤루스 대제 대관

교황 레오 3세는 프랑크 왕국의 왕 카롤루스에게
로마 황제의 왕관을 수여했다.

843년 — 베르됭 조약

베르됭 조약으로 프랑크 왕국은 3국으로 분열했다.

더 알아보기

· 870년
  메르센 조약(현재 독일·
  이탈리아·프랑스의 기초가 됨)

911년 — 노르망디 공국 탄생

롤로가 이끄는 노르만족의 일파가 북프랑스로 진격하여 노르망디 공국을
건국했다.

경과 ❶ 프랑크 왕국의 궁재 카롤루스 마르텔이 우마이야 왕조 군대를 격파하고 이름을 날렸다.

❷ 그의 아들인 피핀은 교황의 지지를 얻고 메로빙거 왕조의 왕을 쫓아낸 뒤 카롤링거 왕조를 세웠다.

배경 당시 교황은 성상 숭배 논쟁으로 동로마와 대치 중이었으며, 랑고바르드 국왕과도 대립하는 등 곤경에 빠져 있었다.

◆ **아시아계 유목민족의 침입**

4세기 **훈족**
아틸라 치세에 최전성기

7세기 **불가르족**
불가리아 제국 건설

8세기 **아바르족**
카롤루스 대제에게 패배

10세기 **마자르족**
오토 1세에게 패배하고 정착
생활 시작
(오늘날의 헝가리)

경과 ❶ 피핀의 아들 카롤루스는 랑고바르드 왕국을 멸망시키고 작센의 아바르족을 격퇴하여 서양의 주요 지역을 통일했다.

❷ 800년, 교황 레오 3세는 카롤루스에게 황제관을 수여하고 동시에 서로마 제국의 부활을 선언했다.

의의 로마·게르만·기독교가 결합한 서양 문화권이 정립되었다.

동시대사

786년 하룬 알 라시드 즉위
787년 동로마 제국, 성상 숭배 부활
794년 일본 헤이안 시대 시작
812년 동로마 제국, 카롤루스 대제를 '프랑크의 황제'로 인정
821년 타히르 왕조 수립
823년 당번회맹비 건립
840년 위구르 분열

배경 프랑크 왕국의 분할 상속 관습

경과 ❶ 카롤루스의 손자 대에 베르됭 조약(843년)을 맺고, 동프랑크·서프랑크·중부 프랑크와 이탈리아의 세 개 나라로 갈라졌다.

❷ 메르센 조약(870년)으로 중부 프랑크를 동서 프랑크 왕국으로 편입하면서 프랑크 왕국은 다시 셋으로 갈라졌다. 이는 현재 독일, 이탈리아, 프랑스의 원형이 된다.

◆ **봉건 사회의 성립**

종사제   은대지제
(주군−종사의   (봉토의 전신인
주종 관계)   베네피키움을
       지급한 토지 제도)

외적의 침입

노르만족·마자르족

봉건제
장원제

왕권 쇠퇴   콜로누스제
      (중세 농노의 기원)

경과 ❶ 911년 롤로는 서프랑크 왕인 카를루스 3세로부터 초대 노르망디 공에 봉해졌다.

❷ 1066년에는 노르망디 공 윌리엄이 잉글랜드를 정복하고 노르만 왕조를 세웠다.

❸ 1204년 프랑스 왕인 필리프 2세가 잉글랜드 왕 존에게서 노르망디를 빼앗았다.

◆ **노르만족의 이동**

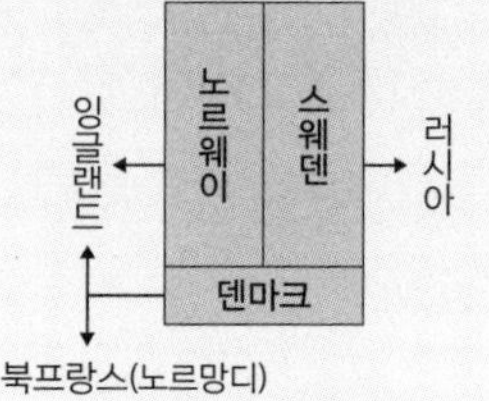

북프랑스(노르망디)
→ 남이탈리아(남시칠리아)

BC
1
2
3
4
5
6
7
8
9
10
11
12
13
14
15
16
17
18
19
20
21

962년   신성 로마 제국 탄생

독일의 오토 1세에게 교황이 황제의 왕관을 수여하여
신성 로마 제국의 기원이 되었다.

더 알아보기

· 1806년
  제국 소멸 → 라인 동맹 결성

987년   카페 왕조 수립

파리 백작인 위그 카페가 카페 왕조를 열었다.

더 알아보기

· 1328년
  발루아 왕조 수립

988년   블라디미르, 그리스 정교 개종

키예프 루스의 대공 블라디미르가 동로마 황제의 여동생과 결혼한 것을 계기로
그리스 정교로 개종했다.

1016년   크누트, 잉글랜드 정복

데인족의 왕인 크누트가 잉글랜드를 정복하고
데인 왕조를 세워 북해 제국을 건설했다.

경과 작센 왕조의 제2대 왕 오토 1세는 마자르족을 토벌하고 이탈리아를 정복했다. 962년 교황 요하네스 12세에게서 황제의 왕관을 받았다.

의의 ❶ 신성 로마 제국은 로마의 전통을 이은 독일 국가로, 황제는 선거제로 선출되며 로마에서 대관식을 올려야 했다.

❷ 역대 황제는 이탈리아의 간섭을 받았고, 이는 독일 분열을 초래했다.

경과 ❶ 서프랑크에서 카롤링거 왕조의 전통이 끊어지자 노르만을 격퇴한 파리 백작 위그가 카페 왕조를 세웠지만, 왕권은 미약했다.

❷ 필리프 2세 치세에 잉글랜드 왕 존을 물리치면서 카페 왕조는 전성기를 맞이했다. 알비 십자군을 만들고 남프랑스까지 왕권을 확대했다.

❸ 1328년 카페 왕조 본가가 단절되고 발루아 왕조가 탄생했다.

배경 882년에 성립한 국가 키예프 루스의 슬라브화가 진행되었다.

경과 ❶ 980년에 즉위한 키예프 루스의 대공 블라디미르는 영토를 확대하고 전성기를 열었다.

❷ 988년 블라디미르는 그리스 정교로 개종하고 비잔틴화(기독교화)를 진행했다.

❸ 그 뒤로 제후의 분열 상태가 이어지자 13세기에는 몽골의 지배를 받았다.

경과 ❶ 9세기 이후, 데인족의 침입이 잦아지자 에그버트의 손자인 웨식스 왕 알프레드가 데인족을 격퇴하고 잉글랜드 왕국을 재건했다.

❷ 데인족 왕 크누트가 1016년 잉글랜드를 정복한 뒤 북해 일대를 지배하는 해상 제국을 건설했다.

◆ 신성 로마 제국

작센 왕조(919~1024)
　오토 1세
잘리어 왕조(1024~1125)
　하인리히 4세
호엔슈타우펜 왕조(1138~1254)
※벨프 가문의 오토 4세 통치(1209~1215)
　프리드리히 1세
　프리드리히 2세
합스부르크 가문
　15세기 이후 거의 세습

◆ 카페 왕조

제7대 왕 필리프 2세
　·왕권 확대
　·제3차 십자군에 참여
제9대 왕 루이 9세(성왕 루이)
　·선교사 루브룩을 몽골에 파견
　·제7, 8차 십자군 원정
제11대 왕 필리프 4세
　·아나니 사건
　·템플 기사단 해산
　·삼부회 소집

◆ 슬라브족의 이동

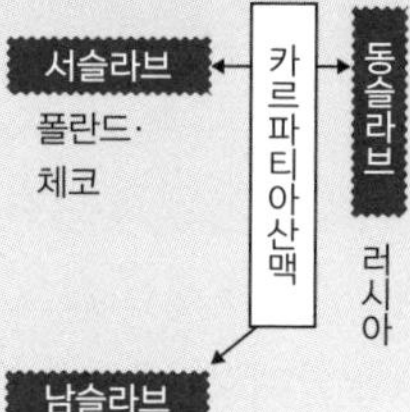

◆ 잉글랜드사

BC 5세기	켈트족 이주
BC 1세기	카이사르의 지배
AD 1세기	로마 속주 브리타니아로 편입
5세기	앵글로·색슨족의 침입
449년	칠왕국 성립
829년	에그버트가 통일
	데인족의 침입 격퇴

1054년   기독교 교회의 동서 분열

1054년 기독교 교회는 동서로 분열했고,
서방에서는 1122년 황제와 교황이 타협했다.

더 알아보기
· 1122년
보름스 협약 ➡

1066년   노르만 정복

노르망디 공 윌리엄이 잉글랜드를 정복하고
노르만 왕조를 세웠다.

1077년   카노사의 굴욕

성직자의 서임(임명)권을 놓고 벌인
서임권 투쟁에서 패한 황제 하인리히 4세는
교황 그레고리우스 7세에게 사죄했다.

1096년   십자군 원정 개시

교황 우르바누스 2세는 클레르몽 공의회를 열고
십자군 파견을 결의했다.

더 알아보기
· 1291년
아콘 함락
→십자군 운동 종료 ➡

경과 ❶ 로마 교회는 게르만족에 포교를 할 때 성상(聖像)을 이용했다.

❷ 726년 동로마 황제가 성상 숭배 금지령을 발포하자 로마 교회는 프랑크 국왕에게 접근했다. 이에 카롤루스가 황제 자리에 올라 서방 세계가 정립되었다.

❸ 1054년, 동서 교회는 서로 파문했다.

❹ 이후 서방에서는 황제와 교황의 서임권 투쟁이 격화했다.

❺ 1122년 황제와 교황은 타협했다.

◆ 서임권 투쟁

오토 1세(대제)
 제국 교회 정책(왕이 교회 통제)

그레고리우스 7세
 서임권 투쟁 시작

보름스 협약(1122)
 황제가 독일 이외의 서임권을 포기
 → 서임권 투쟁 종료

경과 1066년 노르망디 공 윌리엄이 왕위 계승권을 주장하며 잉글랜드를 공격하고, 헤이스팅스 전투에서 승리하여 노르만 왕조를 세웠다.

결과 ❶ 왕은 반항한 귀족의 토지를 몰수하고 강력한 왕권을 가진 영국형 봉건제를 성립했다.

❷ 잉글랜드 전국의 토지 현황을 조사한 《둠스데이 북》을 만들었다.

◆ 잉글랜드 왕조사

노르만 왕조
 ↓ 1066~1154
플랜태저넷 왕조
 ↓ 1154~1339
랭커스터 왕조
 ↓ 1399~1461
요크 왕조
 ↓ 1461~1485
튜더 왕조
 ↓ 1485~1603

배경 910년 프랑스 중동부에 세운 클뤼니 수도원은 11세기 교회 쇄신 운동의 중심이 되었다.

경과 ❶ 교황 그레고리우스 7세는 군주가 지닌 성직자 서임권을 반환하라며 서임권 투쟁을 시작했다.

❷ 1077년, 황제 하인리히 4세는 교황에게 파문당하고 북이탈리아의 카노사에서 사죄했다.

◆ 로마 교황사

그레고리우스 1세
 · 게르만 포교
레오 3세
 · 카롤루스의 대관(800)
요하네스 12세
 · 오토의 대관(962)
그레고리우스 7세
 · 서임권 투쟁
 · 카노사의 굴욕(1077)

원인 이슬람의 셀주크 왕조가 예루살렘을 점령하고 소아시아로 진출했다. 동로마 황제는 교황에게 도움을 요청했다.

경과 ❶ 1095년 교황 우르바누스 2세가 프랑스의 클레르몽에서 종교회의를 열고 십자군 파견을 제창했다. 다음 해인 1096년에 제1차 십자군을 파견했다.

❷ 1270년 제8차 원정을 마지막으로 십자군 파견이 끝났다.

◆ 십자군
제1차(1096)
 → 예루살렘 왕국 수립
제3차(1189)
 독일 황제·잉글랜드 왕·프랑스 왕 주도
제4차(1202)
 → 콘스탄티노폴리스에 라틴 제국 수립
제8차(1270)
 ↓
아콘 함락(1291)

1130년 — 시칠리아 왕국 탄생

노르만계 루제루 2세가 나폴리와 시칠리아를
정복하고 시칠리아 왕국을 건설했다.

더 알아보기

· 1282년
  시칠리아 왕국, 시칠리아와
  나폴리로 분열

1154년 — 플랜태저넷 왕조 수립

프랑스의 앙주 백작이 헨리 2세가 되어 잉글랜드에 플랜태저넷 왕조를 세웠다.

1215년 — 마그나 카르타(대헌장) 발포

존 왕의 실책과 증세에 항의한 귀족들은 마그나 카르타(대헌장)을 제시했고,
존 왕이 승인했다.

동시대

· 1215년
  제4차 라테란 공의회

1241년 — 레그니차 전투

몽골의 바투가 이끄는 서방 원정군이
독일·폴란드의 제후 연합군을 격파했다.

동시대

· 1241년
  한자 동맹

배경 지중해 정중앙에 위치한 교통의 요지 시칠리아는 옛날부터 여러 세력의 침입을 받았다.

경과 ❶ 9세기 이후 시칠리아는 이슬람 세력의 지배를 받다가 1130년부터 루제루 2세의 지배를 받았다.

❷ 수도 팔레르모에는 노르만·비잔틴·이슬람 문화가 번성했다.

❸ 13세기 말 시칠리아 왕국은 분열했다.

경과 ❶ 1154년 프랑스 서부의 대제후인 앙주 백작이 잉글랜드에 플랜태저넷 왕조를 세웠다.

❷ 제3대 존 왕은 프랑스령을 필리프 2세에게 빼앗기고 마그나 카르타를 승인했다.

❸ 제5대 에드워드 1세 시절, 모범 의회를 수립했다.

❹ 제7대 에드워드 3세가 백년 전쟁을 시작했다.

배경 ❶ 존 왕은 프랑스 왕 필리프 2세에게 패하고 영토를 빼앗겼다.

❷ 인노첸시오 3세에게 파문당하고 교황에게 일시적으로 국토를 헌납하기도 했다.

내용 존의 실정과 과세에 대한 귀족들의 반항으로 1215년 마그나 카르타에 의거해 새로운 과세는 성직자·귀족의 승인을 받을 것을 공인했다.

의의 영국 입헌 정치의 출발점이 되었다.

경과 ❶ 오고타이 칸 시절, 칭기즈 칸의 장남 주치의 아들 바투가 서방을 정복했다.(1236~1242)

❷ 바투는 1241년 독일·폴란드 연합군을 레그니차(왈슈타트) 전투에서 격파했다.

❸ 바투는 1243년 남러시아에 주치 울루스(킵차크 칸국)를 건국했다.

BC
1
2
3
4
5
6
7
8
9
10
11
12
13
14
15
16
17
18
19
20
21

1265년   잉글랜드 의회 발전

헨리 3세의 전제 정치에 맞서 시몽 드 몽포르가
잉글랜드 의회를 창설했다.

더 알아보기
· 1295년
  에드워드 1세,
  모범 의회 소집 ➡

1302년   프랑스, 삼부회 개최

필리프 4세는 성직자·귀족·평민의 대표들로
구성된 삼부회를 열었다.

1303년   아나니 사건

프랑스 왕 필리프 4세가 교황 보니파시오 8세를 아나니에서 체포했다.

더 알아보기
· 1309년
  교황의 아비뇽 유수

1339년   백년 전쟁 시작

잉글랜드 왕 에드워드 3세가 프랑스의 발루아 왕조를
공격하면서 백년 전쟁을 시작했다.

· 백년 전쟁의 시작을 1337년으로 보기도 한다.

경과 ❶ 1263년 존 왕의 아들인 헨리 3세가 마그나 카르타(대헌장)를 무시하자 시몽 드 몽포르가 반란을 일으켰고, 이듬해인 1264년에 국왕을 체포했다.

❷ 1265년 몽포르는 기존의 귀족·성직자를 포함하여 처음으로 주 대표인 기사와 도시 대표인 시민을 초대한 의회를 소집했다.

의의 영국 의회 제도의 출발점이 되었다.

◆ 영국 의회사

1265년 몽포르 의회

(영국 의회의 기원)

1295년 모범 의회

(에드워드 1세)

1341년 이원제 의회

(에드워드 3세)

상원: 귀족원

하원: 서민원

경과 ❶ 프랑스 왕 필리프 4세는 성직자 과세 문제로 교황 보니파시오 8세와 논쟁을 벌였다.

❷ 1302년 국민의 지지를 얻기 위해 성직자·귀족·평민 대표를 모아 신분제 의회를 개최했다.

참고 ❶ 1614년 루이 13세 때의 소집을 끝으로 의회가 폐쇄되었다.

❷ 이후 1789년의 의회 소집은 혁명의 계기가 되었다.

◆ 신분제 의회

제후 몰락(가신화)   도시 성장(제휴)

↓

왕권 확대

관료·상비군 유지비

↓

과세 동의

‖

각 신분 대표 소집

배경 보름스 협약 후 13세기에 교황권이 절정에 이르렀다.

경과 ❶ 1303년 성직자 과세 문제를 둘러싸고 교황 보니파시오 8세와 프랑스 왕 필리프 4세가 대립했고, 프랑스 왕은 교황을 아나니에 감금했다.

❷ 이후 1309년 프랑스 왕은 교황 클레멘스 5세와 교황청을 남프랑스의 아비뇽으로 강제 이전했다.(아비뇽 유수)

◆ 12세기 르네상스

십자군 이후 이슬람 문화 유입

↓

12세기 르네상스

팔레르모와 톨레도 등에서 그리스 철학 번역 작업이 활발히 이루어짐

대학이 탄생하고 스콜라 철학이 강성했으며, 다양한 상업도 부활

원인 ❶ 플랑드르 지방과 기엔 지방을 둘러싸고 잉글랜드와 프랑스가 대립했다.

❷ 발루아 왕조 성립 시기에 잉글랜드 왕이 왕위 계승권을 주장했다.

경과 ❶ 초기 잉글랜드군은 에드워드 3세의 맏아들인 흑태자와 장궁 부대의 활약으로 크레시 전투에서 프랑스 왕을 격파하는 등 우세했다.

❷ 잔 다르크의 활약으로 프랑스가 우세해지며 전쟁이 끝났다.

◆ 14세기의 위기

북반구의 한랭화

→ 유라시아 대륙 각지에서 전란과 전염병이 유행하며 상황이 혼란해짐

한국: 고려 말기의 혼란 끝에 이성계가 조선 건국
일본: 남북조(난보쿠초) 시대의 분쟁으로 왜구 기승
중국: 홍건적의 난으로 원나라가 몽골 고원으로 쫓겨나고 명나라 건국
유럽: 백년 전쟁 발발 및 흑사병 유행

세기

1356년   금인칙서 발포

신성 로마 제국의 황제 카를 4세는 금인칙서를
선포하여 7명의 선제후를 정했다.

1397년   칼마르 동맹 결성

덴마크 여왕 마르그레테를 중심으로 덴마크·스웨덴·노르웨이가 칼마르
동맹을 결성하여 동군연합을 이뤘고, 북유럽의 강국으로 떠올랐다.

1414년   콘스탄츠 공의회 개최

콘스탄츠 공의회에서 서방교회 대분열(시스마)을 수습하고,
체코의 종교개혁가 얀 후스를 화형했다.

1453년   동로마 제국 멸망

오스만 제국은 동로마 제국을 멸망시키고
콘스탄티노플(이스탄불)로 천도했다.

더 알아보기

·1453년
잉글랜드와 프랑스의
백년 전쟁 종결

내용 ➊ 1356년 황제 카를 4세가 낸 칙령으로 '황금 문서'라는 뜻이다.
➋ 7명의 선제후(황제를 선출할 자격을 가진 제후)를 결정하고 황제 선거 규칙을 확립했다.
➌ 선제후 7명은 마인츠, 트리어, 쾰른의 3대 대주교에 더해 보헤미아 국왕, 브란덴부르크 변경백, 작센 공작, 팔츠 백작으로 정해졌다.

결과 독일의 분열을 초래했다.

◆ 북유럽의 패권

14세기 한자 동맹
　　　　(육·해군 유지)
15세기 칼마르 동맹
　　　　(한자 동맹 견제)
17세기 스웨덴
　　　　(베스트팔렌 조약을 통해 발트
　　　　제국으로 발전)
18세기 러시아
　　　　(북방 전쟁에서 승리)

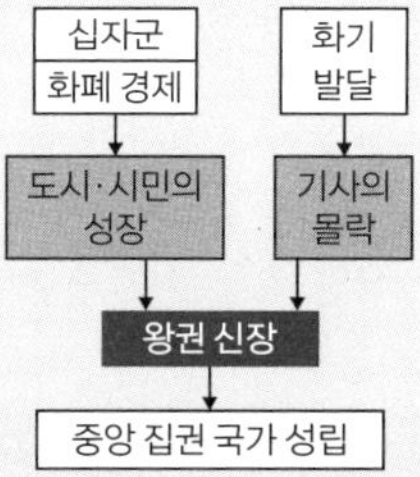

배경 13세기 독일에서 동방식민운동이 일어나고 한자 동맹이 발트해에 강한 영향력을 행사했다.

경과 ➊ 1397년 맺은 칼마르 동맹은 15세기에 한자 동맹을 누르고 발트해의 패권을 거머쥐었다.
➋ 1523년 스웨덴이 이탈하면서 동맹은 해체되고, 스웨덴은 17세기 발트해의 패권국으로 군림했다.

◆ 교황권의 쇠퇴

13세기 초 인노첸시오 3세 때 교황권
　　　　　　전성기
1309년 프랑스로 교황청 이동
1377년 로마로 교황청 이동
1378년 대립교황이 출현하고 서방교
　　　　　회 대분열(시스마)
1414년 콘스탄츠 공의회에서 서방교
　　　　　회 대분열 종료

경과 ➊ 교황이 아비뇽에서 로마로 귀환한 이듬해인 1377년 아비뇽에 대립교황을 세웠다.
➋ 1409년 피사에도 교황이 선출되어 세 교황이 난립했다.
➌ 1414년 콘스탄츠 공의회에서 새로운 교황을 선출하고 서방교회 대분열을 수습했다.
➍ 얀 후스가 처형되고 공의회의 권력과 중요성이 높아졌다.

동시대사

1449년 토목의 변(명나라 황제가
　　　　　오이라트의 포로가 된 사건)
1450년경 구텐베르크가 활판 인쇄술
　　　　　　개발
1467년 조선 이시애의 난 /
　　　　　일본 오닌의 난
1498년경 레오나르도 다빈치가
　　　　　　〈최후의 만찬〉 완성
1474년 토스카넬리가 세계지도
　　　　　제작

배경 이슬람 세력으로는 처음으로 오스만 제국이 발칸반도에 진출했다. 이때 동로마 제국의 영토는 수도 주변뿐이었다.

경과 ➊ 1453년 오스만 제국의 메흐메트 2세가 동로마 제국을 멸망시켰다.
➋ 오스만 제국은 콘스탄티노플로 천도하고 도시 이름을 이스탄불로 바꿨다.

1479년   스페인 왕국 탄생

카스티야 왕국과 아라곤 왕국의 통일로
스페인 왕국이 탄생했다.

1480년   모스크바 대공국 독립

이반 3세 시기, 모스크바 대공국은 주치 울루스(킵차크 칸국)로부터 독립했다.

1485년   튜더 왕조 수립

장미 전쟁이 끝나고 랭커스터 가문의 헨리 7세
즉위로 튜더 왕조를 세웠다.

더 알아보기

· 1603년
스튜어트 왕조 수립
(제임스 1세) ➡

 ❶ 1469년 아라곤의 왕자 페르난도와 카스티야의 공주 이사벨이 결혼했고, 1479년 양국이 통합하여 스페인 왕국이 탄생했다.

❷ 1492년, 이슬람 세력의 최후 거점인 알람브라 궁전이 있는 그라나다를 공략하고 레콩키스타(국토 회복 운동)를 완성했다.

◆ 카스티야와 아라곤

카스티야

11세기 　왕국 성립

1085년 　톨레도로 천도

아라곤

11세기 　왕국 성립

　　　　시칠리아 만종 사건으로 지중해 진출

　　　　(시칠리아와 나폴리는 내란으로 피폐해짐)

1479년 　통합·공동 통치

1516년 　합스부르크 왕조를 세움

경과 ❶ 1243년 바투가 주치 울루스(킵차크 칸국)를 세우고 슬라브족을 지배했다.

❷ 볼가강의 수운으로 번영한 모스크바 대공국이 1480년 이반 3세 시기에 주치 울루스(킵차크 칸국)로부터 독립했다. 그는 동로마 마지막 황제의 여동생과 결혼하여 쌍두 독수리 문장을 계승했다.

❸ 이반 4세(1553~1584)부터 공식적으로 차르라는 호칭을 사용했다.

◆ 러시아사

13세기

몽골–타타르의 멍에

(모스크바는 다른 제후에게서 징수)

1467년

이반 3세가 결혼으로 독수리 문장을 계승

(모스크바 대공국 = 제3의 로마)

경과 ❶ 백년 전쟁 후인 1455년, 잉글랜드에서 랭커스터가와 요크가 사이에 장미 전쟁이 발발했다. 오랜 기간 이어진 내전으로 제후가 몰락했다.

❷ 1485년 내란을 잠재운 헨리 7세가 즉위하고 튜더 왕조를 세웠다.

❸ 그의 장남인 헨리 8세 시기에 잉글랜드는 절대왕정을 수립했다.

◆ 튜더 왕조(1485~)

초대: 헨리 7세

2대: 헨리 8세

　·국교회 설립

4대: 메리 1세

　·가톨릭 부활

5대: 엘리자베스 1세

　·국교회 확립

　·스페인 무적함대 격파

→ 스튜어트 왕조(1603~)

1	726년 동로마 황제가 발포한 것으로 로마 교황과의 대립을 초래한 법령은?	1	성상 숭배 금지령
2	15세기 랭부르 형제가 제작한 채색 필사본은?	2	《베리 공작의 매우 호화로운 기도서》
3	유스티니아누스 황제 시절 트리보니아누스 등의 학자에게 명하여 편찬한 법학서는?	3	《로마법 대전》
4	유스티니아누스 시절부터 성행한 비잔틴 산업은?	4	실크 산업
5	이스탄불에 있는 비잔틴 양식을 대표하는 성당은?	5	성 소피아 성당 (아야 소피아)
6	키릴로스 형제가 고안한 슬라브어를 표기하는 문자를 개량한 글자는?	6	키릴 문자
7	콘스탄츠 공의회 결과 처형된 보헤미아 왕국의 신학자는?	7	얀 후스
8	프랑스 왕 루이 9세 시대가 끝나고 남프랑스의 모든 도시로 향한 십자군은?	8	알비 십자군
9	'기도하고 일하라'를 표어로 몬테카시노에 수도원을 세운 인물은?	9	베네딕토
10	중세 유럽에서 지식계의 공통어로 사용한 언어는?	10	라틴어
11	아리스토텔레스 철학을 도입하고 발전시킨 기독교 신학은?	11	스콜라 철학
12	십자군 이후 이슬람의 학문에 영향을 받아 발전한 서구 문화 운동은?	12	12세기 르네상스
13	《신학대전》을 저술하고 중세 기독교 신학을 체계화한 인물은?	13	토마스 아퀴나스
14	11세기 북이탈리아에 설립된 법학으로 유명한 대학은?	14	볼로냐 대학
15	로마네스크 양식을 대표하는 이탈리아의 성당은?	15	피사 대성당
16	12세기 이후 퍼졌으며 첨두 아치 형태가 특징인 건축양식은?	16	고딕 양식
17	기사도 문학을 대표하는 브리튼족의 영웅 이야기는?	17	아서왕 전설

제 4 장

이슬람 세계

7세기 초반~18세기 말

세기

BC
1
2
3
4
5
6
7
8
9
10
11
12
13
14
15
16
17
18
19
20
21

622년 — 헤지라(성스러운 이주)

이슬람교의 창시자인 무함마드는 메카 대상인의 박해를 피해 메디나로 도망쳤다.

642년 — 나하반드 전투

사산 왕조는 이슬람군에게 나하반드 전투에서 패배하고 651년에 멸망했다.

661년 — 우마이야 왕조 수립

시리아 총독인 무아위야는 제4대 정통 칼리프 알리가 암살당하자 우마이야 왕조를 열었다.

711년 — 서고트 왕국 멸망

우마이야 왕조는 이베리아반도로 진출하여 서고트 왕국을 멸망시켰다.

배경   사산 왕조와 동로마 제국의 항쟁으로 교역로가 바뀌자, 아라비아반도의 메카가 번영하고 사회가 변화를 맞이했으며 빈부 격차가 커졌다.

경과   ❶ 무함마드는 메카에서 태어나 대상 무역에 종사했다.

❷ 이슬람교를 창시하고 쿠라이시족의 박해를 받자 622년 메디나로 피신했으며, 이 해는 이슬람력 원년이 되었다.

◆ **이슬람교의 특징**
① **육신오행(六信五行)**
오행: 신앙고백·예배·단식·희사(기부)·순례
② **유일·절대 신 알라**
→ 우상숭배 금지
지하드(성전)
③ **쿠란: 아랍어 경전**
④ **622년**
이슬람 원년

경과   ❶ 632년 무함마드 사망 후, 움마(공동체)가 칼리프(후계자)를 선출하여 지하드(성전)를 개시했다.

❷ '옳은 일을 위한 투쟁'이라는 지하드 원칙에 의해 동로마의 이집트와 시리아를 노렸다.

❸ 642년 나하반드 전투에서 사산 왕조가 패배하고 651년 멸망했다.

❹ 아랍인이 피정복민에게 지즈야(세금)를 거두어들이는 대신 자치를 인정했다.

◆ **정통 칼리프 정리**
초대 정통 칼리프: 아부 바크르
제2대: 우마르
· 시리아·이집트 정복
· 사산 왕조 제압
제3대: 우스만
· 쿠란 정비 및 체계화
제4대: 알리
· 무함마드의 사위
· 최후의 정통 칼리프

경과   ❶ 제4대 칼리프인 알리의 암살 이후, 시리아 총독 무아위야가 칼리프를 세습제로 바꾸고 다마스쿠스를 수도로 우마이야 왕조를 세웠다.

❷ 이후 이슬람은 역대 칼리프를 인정하는 수니파와 알리의 자손만을 인정하는 시아파로 분열했다.

외정   인도에서 아프리카·이베리아반도에 이르는 대영토를 구축했다.

◆ **이슬람교 분파**
수니파
· 다수파(약 90%)
· 역대 칼리프 인정
시아파
· 소수파(약 10%)
· 알리만 인정(무함마드의 혈통)
· 사파비 왕조 이후 이란의 국교

경과   ❶ 우마이야 왕조는 697년 카르타고를 점령하고 북아프리카를 지배했다.

❷ 711년, 이베리아반도의 서고트 왕국을 멸망시켰지만 프랑크 왕국에 패배했다.

참고   우마이야 왕조는 아브드 알말리크 이븐 마르완(재위 685~705) 치세에 전성기를 누렸다. 독자적인 금·은화를 발행하고 아라비아어를 공용어로 사용했다.

◆ **이슬람 세계의 확대**
정통 칼리프 시대
· 사산 왕조를 멸망시킴
· 동로마 제국으로부터 시리아·이집트를 획득
우마이야 왕조 시대
· 이베리아반도로 진출
· 이슬람 역사상 최대 영토
아바스 왕조 시대
· 중앙아시아로 진출
· 독자적인 지방정권 등장

750년 아바스 왕조 수립

무함마드의 일족인 아바스가 우마이야 왕조를 쓰러뜨리고
아바스 왕조를 세웠다.

더 알아보기

· 1258년
  몽골의 훌라구 칸에게 멸망

751년 탈라스강 전투

아바스 왕조는 탈라스강 강가에서 당군을 격파했다.
이때 중국의 제지법을 포로들에게 전수받아
서방 세계에 전했다.

756년 후(後)우마이야 왕조 수립

아바스 왕조에게 패한 우마이야 왕족의 일족이 이베리아반도로 도망쳤고,
이들이 후우마이야 왕조를 건국했다.

909년 파티마 왕조 수립

튀니지에 시아파인 파티마 왕조가 세워졌다.
이후 동서의 칼리프 왕국과 대립했다.

경과 ❶ 아부 알 아바스가 우마이야 왕조를 향한 반발을 이용하여 건국했다. 제2대 칼리프인 알 만수르 시기에 바그다드로 수도를 정했다.

❷ 마왈리(이민족 개종자)가 요직에 진출할 수 있게 되자 아랍인의 특권은 점점 폐지되었다. 샤리아(이슬람법)를 바탕으로 중앙 집권 제도가 발달했다.

◆ 우마이야 왕조와 아바스 왕조

우마이야 왕조	아바스 왕조
아랍 제국	이슬람 제국
〈아랍인〉	
× 지즈야(인두세) ×	
× 하라지(토지세) ○	
〈마왈리〉	
○ 지즈야 ×	
○ 하라지 ○	

경과 751년 아바스 왕조는 중앙아시아의 탈라스강에서 고구려 출신 장군인 고선지가 이끄는 당나라군을 물리쳤다.

의의 ❶ 이때 잡힌 당나라 포로 중 제지공이 있었고, 이들에게서 제지법을 배웠다.

❷ 이 승리로 이슬람 세력이 중앙아시아를 장악했다.

참고 아바스 왕조는 하룬 알 라시드 시대에 최전성기를 맞았다.

◆ 아바스 왕조 시대

762년 제2대: 알 만수르
→ 바그다드 건설
786년 제5대: 하룬 알 라시드
→ 최전성기
9세기 지방정권(사만 왕조 등)의 자립화
10세기 맘루크(노예 출신 정예병) 대두
945년 부와이흐 왕조가 바그다드 입성
1258년 아바스 왕조 멸망

경과 ❶ 756년 아브드 알 라흐만은 안달루시아 지방의 코르도바를 수도로 후우마이야 왕조를 건국했다.

❷ 제8대 아브드 알 라흐만 3세(재위 912~961) 치세에 전성기를 맞이했다. 929년에 자신을 아미르(제후)가 아닌 칼리프(군주)라고 칭했다.

참고 아리스토텔레스 연구로 알려진 대학자 이븐 루시드는 코르도바 출신이다.

◆ 이슬람 문명의 특징

① **각지의 문명을 융합**
9세기에 지혜의 집(번역 기관)을 세우고 그리스 문헌을 아라비아어로 번역 및 보존

② **도시 문명**
각지에 도시를 건설하고 아랍인 이주, 경제 발전

경과 ❶ 909년 시아파인 이스마일파가 튀니지에 파티마 왕조를 건국했다.

❷ 칼리프를 칭하고 아바스 왕조 및 후우마이야 왕조와 대립했다.

❸ 969년 카이로를 건설하고 천도했다.

의의 파티마 왕조 이후 세 명의 칼리프가 대립했고 이슬람 세계는 분열했지만, 영역은 주변으로 점점 넓어졌다.

◆ 10세기 혁명

정치: 시아파 왕조 성립
경제: 이크타 제도 실시
(군인에게 급여 대신 토지 지급 및 징수권 인정)
종교: 수피의 활약
각지로 이동하여 포교 활동
↓
이슬람 세계의 분열 및 확대

940년경 　카라한 왕조 수립

중앙아시아에서 첫 튀르크계 이슬람 왕조인 카라한 왕조가 탄생했다.

더 알아보기
· 962년
알프티긴이 가즈니 왕조 건국

1056년 　무라비트 왕조 수립

베르베르인이 모로코의 마라케시를 수도로 무라비트 왕조를 건국했다.

1071년 　만지케르트 전투

셀주크 왕조의 군대가 동로마 제국군을 만지케르트에서 제압하고 황제를 포로로 잡았다.

1250년 　맘루크 왕조 수립

아이유브 왕조의 맘루크(노예병)들이 이집트에 맘루크 왕조를 건국했다.

더 알아보기
· 1517년
맘루크 왕조 멸망

 ❶ 875년 중앙아시아에서 최초로 이란계 왕조인 사만 왕조가 탄생했다.

❷ 940년경 중앙아시아에서 탄생한 카라한 왕조는 999년 사만 왕조를 멸망시켰다.

❸ 동서 투르키스탄 정복으로 튀르키예인의 이슬람화가 진행되었다.

❹ 11세기에 수립된 셀주크 왕조가 아바스 왕조로부터 술탄의 자리를 인정받았다.

◆ 튀르키예인의 서방 진출
(원 거주지: 북부 아시아)
6세기 돌궐 제국 성립
9세기 위구르 분열
10세기 카라한 왕조
(동서 투르키스탄 통일)
11세기 셀주크 왕조
(아나톨리아반도로 진출)
13세기 오스만 제국
(발칸반도 진출)

배경 베르베르인은 마그레브 지방(튀니지·알제리·모로코)의 선주민이었다.

경과 ❶ 1056년 건국된 무라비트 왕조는 가나 왕국을 멸망시키고 이베리아반도로 진출했다.

❷ 1130년 건국된 무와히드 왕조는 무라비트 왕조를 멸망시키고 일시적으로 수도를 세비야로 옮겼다. 무와히드 왕조는 1269년 멸망했다.

◆ 서아프리카 왕조사
가나 제국(7세기)
·암염과 금 무역
말리 제국(13세기)
·이슬람 수용
·만사 무사 시절에 최고 전성기 이룩
송가이 제국(15세기)
·16세기 모로코에 멸망

경과 1071년 셀주크 왕조 제2대 술탄인 알프 아르슬란이 동로마 제국군을 만지케르트에서 격파하고 황제를 포로로 잡았다.

의의 아나톨리아가 튀르크 영토로 편입되었다.

참고 1092년 재상인 니잠 알 물크가 내분으로 암살당하고 말리크 샤도 뒤이어 암살당했다. 이 혼란을 틈타 십자군 원정이 이루어졌다.

◆ 셀주크 왕조사
1038년 셀주크 왕조 성립
1055년 부와이흐 왕조를 무너뜨림
11세기 말리크 샤 치세에 최전성기
대재상 니잠 알 물크의 활약
1077년 4개 왕조로 분열
1096년 십자군 원정

경과 ❶ 병사한 아이유브 왕조의 술탄 대신 그의 아내가 맘루크들과 함께 군단을 제압하고 술탄의 자리에 올라 1250년에 맘루크 왕조를 건국했다.

❷ 제5대 술탄 바이바르스(재위 1260~1277)는 아바스 왕조 멸망 후 칼리프를 바그다드에서 카이로로 데려와 보호했다. 그는 프랑스 왕 루이 9세를 사로잡고 몽골군을 격퇴하는 등 전성기를 구축했다.

◆ 이집트 왕조사
파티마 왕조(909~1171)
·시아파
아이유브 왕조(1169~1250)
·살라딘이 건국
·수니파
맘루크 왕조(1250~1517)

1370년 티무르 왕조 수립

티무르는 사마르칸트를 수도로 티무르 왕조를 열고
대제국을 구축했다.

1396년 니코폴리스 전투

오스만 제국군이 헝가리 왕 지기스문트가 이끄는 전 유럽 연합 십자군을
니코폴리스에서 격파했다.

1402년 앙카라 전투

티무르는 오스만 제국의 바예지드 1세를 앙카라 전투에서 물리쳤다.

1501년 사파비 왕조 수립

이란에 사파비 왕조가 들어선 이후 시아파를 국교로 한
민족의식이 확립되었다.

경과 ❶ 1370년 서(西)차가타이 울루스(칸국) 출신의 티무르가 왕조를 세웠다.

❷ 1402년 앙카라 전투에서 오스만 제국의 바예지드 1세를 격파했다.

❸ 티무르는 명나라 원정 도중인 1405년 병사했다.

❹ 1500년 이후 튀르크계 우즈베크족 샤이바니 왕조의 침입으로 1507년에 멸망했다.

◆ 인도의 이슬람 왕조

11세기　가즈니 왕조의 침입
12세기　고르 왕조의 침입
1206년　노예 왕조(맘루크 왕조) 성립
　　　　→이후 델리를 수도로 한
　　　　　이슬람 왕조 성립
　　　　→남부에 수립된 힌두 왕국
　　　　　인 비자야나가라 제국(14~
　　　　　17세기)이 이슬람에 대항
1526년　무굴 제국 건국

경과 ❶ 1300년경 오스만 베이(부족장)가 소아시아에 오스만 제국을 건국하고 14세기에 발칸으로 진출하여 아드리아노플(에디르네)로 천도했다.

❷ 기독교 신자의 자제를 징용하여(데브시르메 제도) 예니체리를 창설했다.

❸ 제4대 술탄 바예지드 1세가 니코폴리스 전투에서 훗날 신성 로마 제국의 황제가 되는 헝가리의 지기스문트를 무너뜨렸다.

◆ 오스만 제국의 제도

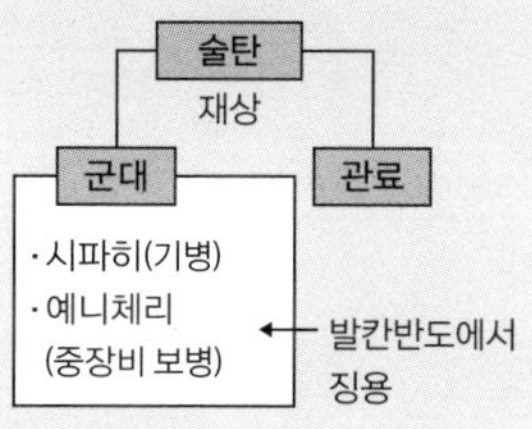

경과 ❶ 바예지드 1세는 14세기 말 도나우강 이남을 정복했다.

❷ 서차가타이 울루스를 장악한 티무르는 세력을 계속 넓혀 아나톨리아반도로 진격했다.

❸ 두 사람은 1402년 앙카라 전투에서 싸웠고 티무르군이 승리를 거뒀다.

❹ 티무르는 칭기즈 칸의 후계자를 자처하며 명나라를 정복하러 떠났지만, 도중에 병사했다.

◆ 오스만 제국의 황제

오스만 1세(오스만 베이)
　1300년경　건국
무라트 1세
　1389년　코소보 전투
　　　　　세르비아 연합군 격파
바예지드 1세
　1396년　니코폴리스 전투
　1402년　앙카라 전투
메흐메트 1세
　제국 재부흥

경과 ❶ 신비주의 교단의 교주 이스마일 1세가 1501년에 튀르크 전사와의 협력으로 이란을 평정했다.

❷ 사파비 왕조는 시아파 종파인 12이맘파를 국교로 정하고 왕을 샤한샤(샤)라고 칭했다.

❸ 아바스 1세(재위 1587~1629) 시절에 호르무즈섬을 점령하며 전성기를 맞이했고, 새로운 수도 이스파한을 건설했다.

❹ 18세기 아프간족이 반란을 일으켰다.

◆ 사파비 왕조사

1501년　타브리즈를 수도로 건국
　　　　　전통 칭호인 샤한샤를 사용
1514년　찰디란 전투에서 오스만
　　　　　제국에 패배
1587년　아바스 1세가 즉위하고 군제
　　　　　개혁으로 전성기 맞이

세기

BC
1
2
3
4
5
6
7
8
9
10
11
12
13
14
15
16
17
18
19
20
21

1526년 모하치 전투

오스만 제국의 술레이만 1세가 모하치 전투에서 승리하고 헝가리를 점령했다.

같은 해

· 1526년
파니파트 전투(무굴 제국 성립)

1529년 제1차 빈 포위

오스만 제국의 술레이만 1세가 합스부르크 왕조의 수도 빈을 포위했다.

더 알아보기

· 1683년
제2차 빈 포위

1538년 프레베자 해전

오스만 해군이 스페인·베네치아·교황 연합군을 프레베자에서 격파했다.

더 알아보기

· 1571년
레판토 해전

1796년 카자르 왕조 수립

시아파인 아가 모하마드가 잔드 왕조를 멸망시키고 이란에 튀르크계인 카자르 왕조를 건국했다.

경과 ❶ 1526년 술레이만 1세의 오스만 제국군이 헝가리군을 격파하고 헝가리 왕 러요시 2세는 사망했다.
❷ 이후 오스만 제국과 신성 로마 제국이 국경을 맞대게 되자 대립은 격화했다.
❸ 헝가리는 1699년 카를로비츠 조약을 맺을 때까지 오스만 제국의 지배를 받았다.

◆ **무굴 제국 황제 비교**

악바르	아우랑제브
·아그라로 천도	·데칸 지방 제압
·종교적 관용	(최대 영토 이룩)
·지즈야(인두세)	·지즈야 부활
폐지	→힌두교 억압
·전국의 토지 점검	·제후의 반란
·제국의 기초를	→제국의 분열
다짐	

경과 1529년 오스만 제국의 최전성기를 구축한 술레이만 1세는 프랑스 왕 프랑수아 1세와 결탁하여 빈을 포위했다.
영향 황제 카를 5세는 1526년 루터파를 용인했지만, 빈 포위를 물리친 이후 제2차 슈파이어 제국회의에서 루터파를 금지했다. 이에 루터파는 슈말칼덴 동맹을 결성했다.

◆ **이슬람 문명의 주요 용어**

울라마(Ulama):	학자
샤리아(Shariah):	이슬람법
마드라사(Madrasah):	학교
카디(Qadi):	법관
	(행정도 담당)
와크프(Waqf):	기증·기부

경과 ❶ 1538년 술레이만 1세의 오스만 해군이 유럽의 연합군을 프레베자 해전에서 격파하고 지중해의 패권을 차지했다.
❷ 1571년 셀림 2세의 오스만 해군이 스페인(펠리페 2세)·교황 등의 연합군에게 레판토에서 패배했다. 이후 일시적으로 지중해의 패권을 잃었으나 곧바로 회복했다.

◆ **16세기의 국제관계**

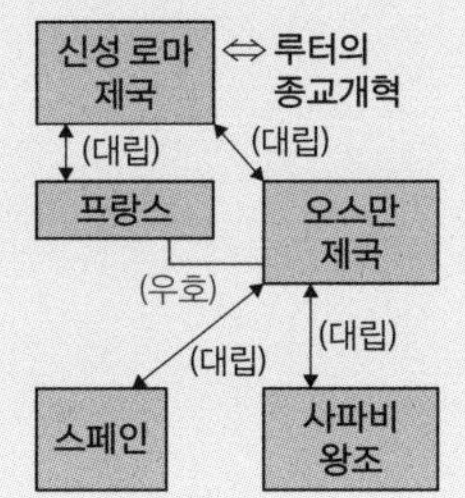

경과 ❶ 1736년 사파비 왕조가 멸망한 이후 아프샤르 왕조, 잔드 왕조 등 역사가 짧은 왕조들이 연이어 등장했다.
❷ 1796년, 시아파 튀르크계 왕조인 카자르 왕조(1796~1925)가 탄생했다. 수도는 테헤란.
❸ 19세기 이후 영국과 러시아의 침략을 받았다.
❹ 1925년 레자 칸이 팔라비 왕조를 세웠다.

◆ **18세기 이후의 이란**

카자르 왕조

1796년	건국(튀르크계)
1828년	투르크만차이 조약으로 러시아에 치외법권 인정
1848년	바브교 반란
1891년	담배 불매 운동
1907년	영국·러시아 협상

팔라비 왕조

1925년	수립

1	무함마드가 계시받은 신의 말씀을 기록한 이슬람교의 성전은?	**1**	《쿠란》
2	무함마드의 언행을 기록하고 정리한 것은?	**2**	《하디스》
3	훌라구 울루스(일 칸국)의 재상으로 《집사(集史)》를 저술한 인물은?	**3**	라시드 앗딘
4	파티마 왕조가 카이로에 건설한 대학은?	**4**	알아즈하르 대학
5	나스르 왕조가 그라나다에 건설한 궁전은?	**5**	알람브라 궁전
6	이슬람 세계에서 재판관과 교사로 일하는 학자를 부르는 말은?	**6**	울라마
7	이슬람 세계에서 고유 학문을 배우는 시설은?	**7**	마드라사
8	금욕적 수행으로 신과 합일을 목표로 하는 수행자를 부르는 말은?	**8**	수피
9	독자적인 역사 이론을 설파한 《무깟디마》의 저자는?	**9**	이븐 할둔
10	니자미야 학원의 교수로 근무했으며, 신비주의를 이론화한 인물은?	**10**	가잘리
11	라틴어 이름인 아베로에스(Averroes)로 더 잘 알려진 이슬람 철학자는?	**11**	이븐 루시드
12	《여행기(리흘라)》를 구술한 모로코 출신의 탐험가는?	**12**	이븐 바투타
13	피르다우시가 완성한 이란의 민족 서사시는?	**13**	《샤나메》
14	우상숭배 금지로 인해 발달한 이슬람 특유의 식물 모양과 기하학 문양 장식은?	**14**	아라베스크
15	'세계의 절반'이라 불린 사파비 왕조의 수도는?	**15**	이스파한
16	술레이만 1세의 명으로 미마르 시난이 건설한 모스크는?	**16**	술레이마니예 모스크
17	샤 자한이 인도 아그라에 건설한 무덤은?	**17**	타지마할

제 5 장

남아시아 · 동아시아 II

10세기 초반~18세기 후반

916년 요 건국

질랄부 추장 야율아보기가 거란의 모든 부족을 통합하고
요나라를 건국했다.

> **더 알아보기**
>
> ·918년
>   고려 건국 ➡

960년 송(북송) 건국

절도사 조광윤이 5대 마지막 왕조인 후주를 멸망시키고
송(북송)을 세운 후 개봉(카이펑)을 수도로 정했다.

한눈에 파악한다! 베트남의 역사(장기 집권 왕조)

1009년 리(李) 왕조(대월) 수립

리꽁우언(이공온)이 베트남의 첫 장기 집권 왕조인 대월을 건국했다.
수도는 하노이.

1225년 쩐(陳) 왕조 수립

리 왕조 혜종의 외척인 쩐투도(진수도)가 수립한 왕조. 원나라의
침입을 막아냈다.

1428년 후 레(黎) 왕조 수립

레러이(여리)가 명나라로부터 독립하여 건국했다. 15세기 후반에
최전성기를 누렸다.

1802년 응우옌(阮) 왕조 수립

응우옌푹아인(완복영)이 건국했으며 베트남 전 국토를 처음으로 통일했다.

 거란은 몽골계 유목민으로 6세기 돌궐, 8세기 위구르에 이어 10세기에 대두했다.

 ❶ 916년 야율아보기가 거란족을 통합하고 926년 발해를 멸망시켰다.

❷ 제2대 황제인 태종(야율요골)이 연운 16주를 획득하고 947년 국호를 요(遼)로 정했다.

 요나라는 인속이치(거란족과 한족을 각각의 방식으로 다스리는 이중통치체제)를 취했으며 마니교와 불교를 보호했다.

◆ 한국사

BC 2세기 위만조선 건국
BC 108년 한(漢) 무제 4군 설치
BC 1세기 고구려 건국
4세기 백제, 신라 건국
7세기 신라의 한반도 통일
　　　　　→ 수도는 경주(금성)
7세기 발해 건국
918년 왕건이 고려 건국
　　　　　→ 수도는 개성

 ❶ 후주의 절도사 조광윤이 송(북송)을 건국했다. 979년, 제2대 태종 시절 중국을 통일했다.

❷ 절도사의 세력을 억누르고 황제권을 강화했다. 전시(황제가 주관하는 과거 최종 시험)를 도입하여 문치주의에 의한 중앙 집권화를 진행했다.

❸ 형세호(신흥 지주층)가 대두하고 전호(소작인) 제도가 발달했다.

◆ 10세기의 변혁

동서 대제국의 쇠퇴와 멸망
　→ 각지에서 독자적 세력이 등장
　→ 기후가 온화해지면서 인구 증가 및 인구 이동 활발

아바스 왕조의 쇠퇴
　→ 지방 세력의 대두
　→ 파티마 왕조 수립

당나라 멸망
　→ 고려와 대월 수립

 베트남은 남쪽의 참파(2~17세기), 북쪽의 중국과 밀접한 관계를 유지하고 있었다. 중국에 조공·책봉 관계를 맺고 있었으며 다른 동남아시아 나라들에 소중화(小中華)적 태도를 보였다.

리 왕조 리꽁우언이 리 왕조를 건국했다. 국호를 대월로 정하고 송나라에 조공하여 안남국왕으로 책봉되었다.

쩐 왕조 쩐투도가 건국했으며 홍강 삼각주 지역을 개척했다. 세 번에 걸쳐 쳐들어온 원나라 군대를 격퇴하면서 민족의식이 강해졌다. 한자를 토대로 한 고유 문자인 쯔놈(자남)이 만들어졌다.

후 레 왕조 레러이가 건국했다. 막(莫) 왕조에 의해 일시적으로 끊어졌으나, 베트남 최장기 왕조로 집권했다. 명나라에 조공했으며 주자학을 중시했다.

응우옌 왕조 응우옌푹아인이 떠이썬(西山) 왕조를 무너뜨리고 건국했다. 청나라와 조공·책봉 관계를 맺었으나 근대 이후 프랑스의 침략에 시달렸다.

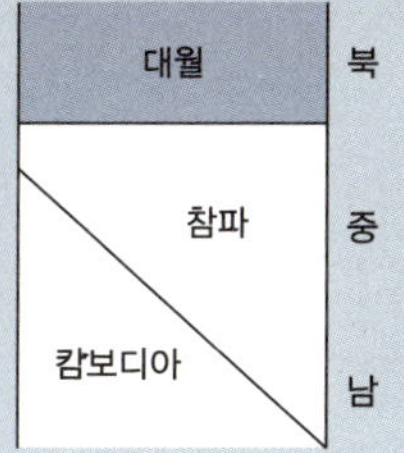

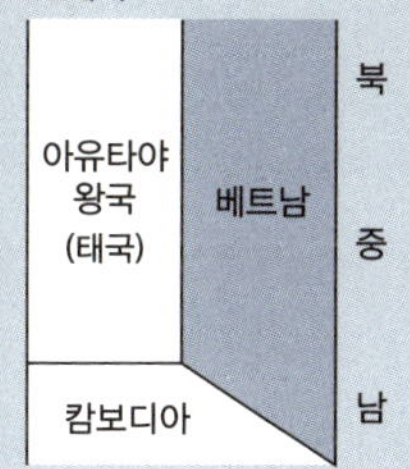

1004년 전연의 맹

화북으로 진출한 요나라는 송나라를 침공했고, 1004년 양군은 전연에서
화친의 맹세를 했다.

1044년 바간(파간) 왕조 수립

이라와디강 중류 유역에 버마(미얀마)의 첫 통일 왕조인 바간 왕조가 탄생했다.

1069년 왕안석의 개혁

송나라 신종 시절, 왕안석이 부국강병을 목표로
신법(新法)이라 불리는 개혁에 착수했다.

1126년 정강의 변

1126년 금나라의 침공으로 정강의 변이 발생하고
송나라 휘종과 흠종이 포로로 잡혔다.
그 결과 북송은 멸망하고 남송이 세워졌다.

더 알아보기

·1127년
북송 멸망

경과 ❶ 요나라는 5대 10국 시대에 후진(後晉)을 돕는 대가로 만리장성 부근의 땅인 연운 16주를 얻었다.
❷ 이후 송나라가 건국되자 요나라는 이어서 화북으로 진출했다.
❸ 1004년 양쪽 군대가 격돌한 전주에서 화친을 맺고 송나라를 형, 요나라를 아우로 여기는 형제 관계를 맺고 송나라가 요나라에 매년 은과 비단을 보내기로 했다.
❹ 평화가 찾아오고 송나라는 번영했다.

◆ 요(916~1125)
· 야율아보기가 건국
· 발해를 멸망시킴(926)
· 연운 16주를 획득(936)
· 전연의 맹(1004)
　송나라가 형, 요나라가 아우
◆ 서하(西夏, 1038~1227)
· 탕구트족의 이원호가 건국
· 경력의 화의(1044)
　송나라가 군주, 서하가 신하인 군신 관계를 맺고 송나라가 서하에 공물을 보냄

경과 ❶ 1044년에 아노라타(아노야타) 왕이 이라와디강 중류에 미얀마 최초의 왕조인 바간 왕조를 건국했다.
❷ 실론섬(스리랑카)에서 상좌부(테라와다) 불교를 도입하고 중국 윈난(윈난)과 벵골만을 잇는 교역으로 번영했다.
❸ 몽골 제국의 쿠빌라이가 1254년 윈난에 수립된 대리국(大理國)을 멸망시켰다. 원나라 성립 이후인 1287년에는 바간 왕조 정복을 꾀했다.

◆ 미얀마사
1044년~1299년
　바간 왕조
1531년~1752년
　따웅우 왕조
1752년~1885년
　꼰바웅 왕조(18세기 전성기)
1886년
　영국에 의해 인도로 편입

경과 ❶ 송나라 시기에 전매(차·소금) 수입이 급증했으며, 국방비와 관료의 유지비도 급증했다.
❷ 왕안석은 소농민과 소상인을 보호하고 국방력을 강화하려 했다.
내용 ❶ 청묘법: 농민에게 저금리로 돈과 곡식을 빌려주는 빈농 구제법
❷ 시역법: 물가를 조절할 목적으로 소상인에게 저금리로 자금을 빌려주는 법

◆ 강남(江南) 개발
경지 면적 확대
· 습지 개척·개간
기술의 진보
· 비료 활용·못자리 기술
· 이기작과 삼모작
벼 신품종 도입
· 점성도(참파쌀)
→'강절(장쑤성·저장성) 지역이 무르익으면 천하가 풍요롭다'

경과 ❶ 1115년 여진족인 완안아골타가 금나라를 건국하고, 송나라와 결탁하여 1125년 요나라를 멸망시켰다.
❷ 1126년 정강의 변이 발생하고 이듬해인 1127년 금나라가 송나라의 수도인 개봉을 침공하여 휘종과 흠종, 진회를 포로로 잡아갔다.
❸ 1127년 흠종의 동생인 고종이 강남으로 피신하여 남송을 건국하고, 1138년에 임안(항저우)을 수도로 정했다.

◆ 주자학
① 이민족의 압박으로 화이(중국과 오랑캐) 구별, 대의명분론 대구
② 불교 영향
　↓
남송의 주희(주자)가 완성한 주자학 대성(격물치지·성즉리)
　↓
유학의 정통화·관학화

1206년 — 칭기즈 칸 즉위

테무친이 쿠릴타이(몽골의 최고 회의)를 통해
칭기즈 칸이라는 칭호를 얻고 몽골 제국을 건국했다.

1271년 — 원나라 건국

쿠빌라이 칸은 1264년 카라코룸에서 대도(베이징)로
천도하고 1271년에 국호를 원(元)으로 정했다.

1336년 — 비자야나가라 제국 건국

남인도에 힌두 왕국인 비자야나가라 제국이 세워져 북쪽의 이슬람 세력에
대항했다.

1351년 — 아유타야 왕조 수립

태국에서 라마티보디 1세(우통 왕)가
아유타야 왕조를 건국했다.

더 알아보기

· 1782년
라따나꼬신(짜끄리) 왕조
수립 ➡

경과 ❶ 1125년 몽골고원에서 요나라가 멸망하자 모든 부족이 항쟁했다.

❷ 1206년, 몽골족의 테무친이 쿠릴타이에서 칭기즈 칸이라는 칭호를 받고 모든 부족을 통일했다.

❸ 칭기즈 칸은 서쪽을 정복하고 나이만족과 호라즘 왕조, 서하를 모두 무너뜨렸다.

❹ 금나라로 원정을 떠나는 도중 병사했다.

◆ **역대 칸이 무너뜨린 왕조**

초대: 칭기즈 칸
 나이만·호라즘·서하

2대: 오고타이 칸
 금나라

4대: 몽케 칸
 아바스 왕조
 (훌라구의 서아시아 원정)

5대: 쿠빌라이 칸
 송나라(남송)

경과 ❶ 1260년, 툴루이 가문의 쿠빌라이(세조)가 칸으로 즉위했다.

❷ 1264년 수도를 카라코룸에서 대도(베이징)로 옮기고 1271년 국호를 원으로 정했다.

❸ 1276년 남송을 멸망시키고 미얀마의 바간 왕조를 정복했으나 인도네시아의 자바섬 원정과 1274년·1281년 두 차례에 걸친 일본 원정에는 실패했다.

❹ 카이두의 난으로 어려움을 겪었다.

◆ **원나라의 번영**

세계적인 규모의 원형 교역망 성립
 중국 남북 통일
 → 대운하 및 산동(산둥) 지역의 해운 정비, 역참 설치, 화폐 유통

유라시아 규모의 교류 활성화
 사람·물품·문화가 활발히 이동

배경 북인도로 진입한 이슬람 세력이 델리 술탄국을 건국했다.

경과 ❶ 1336년 힌두교 세력이 남인도에 비자야나가라 제국을 수립하고 교역으로 번영했다.

❷ 비자야나가라 제국은 북부의 이슬람 세력에 대항하기 위해 서아시아에서 말을 수입했다.

❸ 16세기 후반부터 쇠퇴하다가 1649년에 멸망했다.

◆ **남인도의 주요 왕조**

판디아 왕조(BC 3세기~AD 14세기)
 로마와 교역

촐라 왕조(BC 3세기~AD 13세기)
 9세기에 인도 남부를 통일하고 해양 제국으로 번영
 힌두 문명 확립

※두 왕조 모두 드라비다계

경과 ❶ 1351년에 아유타야 왕조를 세우고 태국 역사상 최대 영토를 구축했다.

❷ 15세기 크메르계인 앙코르 왕조를 무너뜨리고 수코타이 왕조를 합병했다.

❸ 루이 14세의 사절이 내항하는 등 유럽과 통상하고 야마다 나가마사를 중심으로 일본과도 교류했다.

❹ 1767년, 미얀마계인 꼰바웅 왕조에 의해 멸망하고, 뒤이어 1782년에 라따나꼬신 왕조가 탄생했다.

◆ **태국사**

6세기	몬족이 드바라바티 수립
11세기~	타이족 남하
1257년	수코타이 왕조
	(상좌부 불교, 태국 문자 창시)
1351년	아유타야 왕조
	(태국 역사상 최대 영토)
1782년	라따나꼬신(짜끄리) 왕조
	→ 라마 5세(쭐랄롱꼰 대왕)
	가 19세기 후반 근대화

1368년   명나라 건국

홍건적의 수장인 주원장이 남경(난징)을 수도로
명나라를 건국하고 원나라를 북방으로 추방했다.

1392년   조선 건국

왜구를 격퇴하며 이름을 날린 이성계가 고려를 무너뜨리고
조선 왕조를 세웠다.

더 알아보기

· 918년
  고려 건국

1399년   정난의 변

연왕(燕王) 주체가 정난의 변을 일으켜 명나라 제3대 황제인 영락제가 되었다.

1449년   토목의 변

몽골계인 오이라트의 에센 타이시가 토목보에서
명나라의 영종 정통제를 포로로 잡았다.

경과 ❶ 14세기의 지구 한랭화로 기근이 발생하고, 교역 남용으로 민중의 반란이 빈번했다.

❷ 1351년 백련교도에 의해 홍건적의 난이 발생하자 원나라는 몽골고원으로 퇴각했다.

❸ 주원장이 금릉(남경)을 수도로 명나라를 건국했다.

❹ 일세일원제(연호 제도)를 확립하고 중서성 폐지 및 6부를 황제 직속으로 개편하는 등 독재 체제를 강화했다.

❺ 군사 제도로 위소제를 창설했고, 행정 제도로 이갑제를 시행했다.

❻ 해외 민간 무역을 금지하는 해금정책(해금령)을 시행하기도 했다.

경과 홍건적과 왜구를 격퇴하며 이름을 날린 이성계가 1392년 고려를 무너뜨리고 한성(서울)을 수도로 조선을 건국했다.

발전 ❶ 명나라의 제도를 도입하면서 성리학(주자학)을 국학으로 정하고, 세계에서 처음으로 구리 활자 인쇄를 시작했다.

❷ 15세기에 전성기를 맞이했으나 16세기 이후 양반 계급의 사화(士禍), 임진왜란과 병자호란 등 일본·중국의 침략으로 서서히 쇠퇴했다.

경과 ❶ 1399년 명나라 제2대 황제 건문제가 각지의 왕을 탄압하자 숙부인 연왕이 정난의 변을 일으켜 재위를 찬탈하고 영락제로 즉위했다.

❷ 영락제(재위 1402~1424)는 북경(베이징)으로 천도하고 몽골로 5차례에 걸쳐 원정을 떠났다. 또한 이슬람교도인 환관 정화를 대항해의 지휘관으로 파견하고 남해 원정을 꾀했다.

❸ 정화의 활약은 환관이 중용되는 계기가 되었고, 이는 명나라 쇠퇴의 원인으로 작용했다.

배경 ❶ 1368년 원나라는 북방으로 쫓겨나 북원이 되었다.(~1388년)

❷ 북원은 홍무제에게 멸망당한 이후 몽골 제국을 계승하며 서쪽의 오이라트와 대립했다.

경과 ❶ 1449년에 오이라트의 에센이 침입했으며, 직접 맞서 싸운 영종 정통제는 토목보에서 포로가 되었다.

❷ 16세기에 몽골의 침입을 받았다.

◆ 중국의 농민 반란

진	진승·오광의 난
한	적미의 난
	황건적의 난
당	황소의 난
송	방랍의 난
원	홍건적의 난
명	등무칠의 난
	이자성의 난
청	태평천국의 난

◆ 조선과 일본의 교류

6세기	백제가 일본에 불교 전파
663년	일본·구백제 연합과 신라·당 연합의 싸움
13세기	고려·원 연합군의 제1차·제2차 일본 원정
16세기	도요토미 히데요시의 조선 침략(임진왜란·정유재란)
17세기	에도 막부 성립 쓰시마 번을 통해 교류 조선 통신사가 교대로 방문

◆ 명나라와 일본의 관계

1404년	명나라는 쇼군이었던 아시카가 요시미쓰를 일본 국왕으로 책봉하고 감합무역(조공무역)을 시작
1592년	도요토미 히데요시의 조선 침략 → 명나라와 일본 간 국교단절
1604년	도쿠가와 이에야스가 주인선 제도(무역 면허제) 개시 → 동남아시아까지 진출 및 중국 남인과 교역

◆ 칭기즈 칸의 혈통

15세기	몽골고원 동부에서 칭기즈 칸의 혈통을 이은 몽골이 다시 대두했으며 명나라에서는 이를 타타르(달단)이라 부름

↓

서부에서는 칭기즈 칸과 혈통이 다른 오이라트가 대두하여 대립

1581년   일조편법 시행

토지세와 인두세를 일괄적으로 은으로 납부하는
일조편법을 시행했다.

더 알아보기

· 1717년
인두세를 토지세에 편입하는
지정은제 시행

1592년   임진왜란과 정유재란

1592년과 1597년에 도요토미 히데요시가 조선을 침략했으나 이순신을 필두로
한 수군의 활약과 명나라 원군으로 격퇴당했다.

1616년   누르하치, 후금 건국

여진족 수장 누르하치가 모든 부족을 통일하고
명에서 독립하여 후금을 세웠다.

1636년   후금에서 청나라로

후금 제2대 태종(홍타이지) 시절, 내몽골의 차하르부(차하르 투멘)를 제압하고
국호를 청(淸)으로 바꿨다.

배경 만력제 재위 시기에 전 세계의 은이 명나라로 유입되었다.

경과 ❶ 1581년, 기존의 양세법 대신 토지세와 인두세를 은으로 일괄 납부하는 방식으로 세제를 간소화한 일조편법이 시행되어 전국으로 보급되었다.
❷ 1717년, 토지세에 인두세를 포함하는 지정은제를 시행했고, 옹정제 시대에 전국으로 보급되었다.

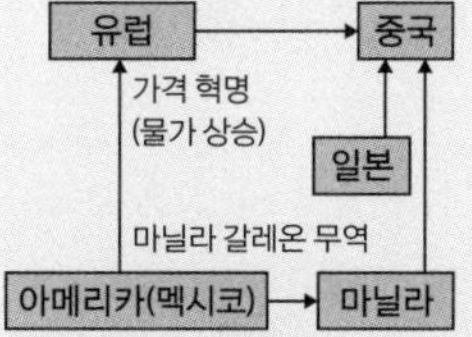

◆ 16세기 은의 흐름

· 당시 2대 은 산출지는 멕시코와 일본
· 중국의 일조편법 시행

경과 ❶ 1592년(임진년)과 1597년(정유년) 두 차례에 걸쳐 도요토미 히데요시가 조선을 침략했다.
❷ 의병과 이순신의 수군이 활약했고, 명나라 원군이 합세한 이후 히데요시가 죽고 일본군은 퇴각했다.

영향 일본에서는 조선에 군을 파병하지 않은 도쿠가와 이에야스가 권력을 잡았다. 당시 세계 최대 규모의 전투로 명나라는 재정이 악화하고 쇠퇴의 길을 걸었다. 무역으로 화기를 증강한 신흥 군사 세력이 대두했다.

◆ 동아시아의 해역 세계

13세기 팍스 몽골리카(몽골의 평화)로 유라시아 안정 및 무역 호황
15세기 명나라의 해금 정책 ⇔ 동남아시아(류큐·믈라카)의 대교역 시대
16세기 명나라로의 진출 시도 격화 후기 왜구 출몰 만주족 남하 포르투갈 참여
17세기 네덜란드 참여

경과 ❶ 1616년 누르하치가 여진족을 통일하고 중국 북동부에 후금을 건국했다.
❷ 수도를 심양(선양)으로 정하고 군사·행정 제도인 팔기 제도를 정비했으며 만주 문자를 창시했다.

발전 ❶ 후금은 국호를 청으로 바꾸고, 17~18세기 강희제·옹정제·건륭제 3대에 걸친 130년간 전성기를 맞이했다.
❷ 19세기 후반 아편 전쟁 이후, 유럽 열강의 진출로 고통받았다.

◆ 명대의 상공업 발전

멕시코와 일본에서 은 수입
유럽에서 옥수수·감자 전래

명주실·면직물(소작인의 부업)
'호광 지방이 잘 되면 천하가 잘 된다'
↓
전국적 거상의 활약
산서(산시)·휘주(황산) 출신 상인들
인구 급증

배경 북부 아시아에서 몽골의 칸 일족에 대한 경외심은 날로 더해졌는데, 차하르부는 이 일족의 직계 후손이었다.

경과 ❶ 1635년에 홍타이지가 차하르부를 무너뜨리고 원나라의 옥쇄를 얻었다.
❷ 1636년 홍타이지는 원의 후계자라 칭하고 국호를 청으로 바꿨다.
❸ 1637년에 조선 왕조를 복속시키고 티베트와 몽골 지역 등에 이번원을 설치했다.

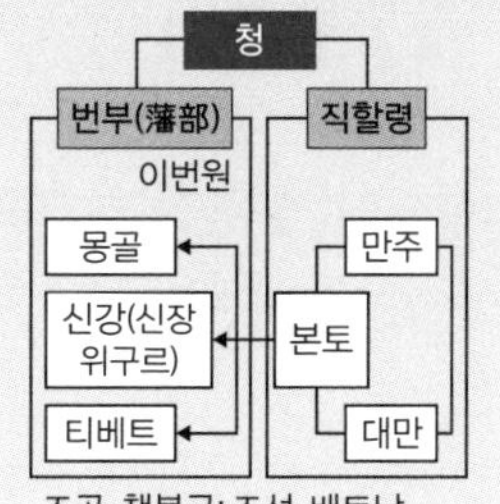

◆ 청나라의 지배

조공·책봉국: 조선, 베트남

1644년 — 명나라 멸망

이자성이 북경을 공략하자 명나라 최후의 황제인 의종 숭정제가 자결하면서 명나라는 멸망했다.

1661년 — 강희제 즉위

청나라의 제4대 강희제가 즉위하고 삼번의 난과 정성공 일족을 평정했다.

같은 해

· 1661년
루이 14세의 친정(親政) 시작

1757년 — 청나라, 광저우항 한 곳으로 무역항을 제한

건륭제는 유럽 선박이 내항하는 곳을 광저우항으로 제한하고 조정의 허가를 받은 상인인 공행에게 무역을 맡겼다.

1767년 — 꼰바웅 왕조, 아유타야 왕조를 무너뜨림

미얀마의 꼰바웅(알라웅파야) 왕조가 태국의 아유타야 왕조를 멸망시키고 전성기를 맞이했다.

배경 만력제의 3대 원정과 여진족의 침입, 동림당쟁 등으로 17세기의 명나라는 곤궁에 빠졌다.

경과 ❶ 17대 숭정제 시기에 북방 방위 등으로 세금이 늘어나자 반란이 많이 발생했다.

❷ 1631년, 이자성이 반란을 일으켜 1644년 북경을 점령했고, 숭정제가 스스로 목숨을 끊으면서 명나라는 멸망했다.

◆ 명·청 교체

1616년	후금 건국
1631년	이자성의 난
1636년	청나라로 개칭
1644년	이자성군이 북경을 점령하고 순나라 수립
	청 순치제가 북경 점령
1681년	삼번의 난 진압
1683년	대만 정복

업적 ❶ 강희제는 청나라의 4대 황제(재위 1661~1722)로, 오삼계를 중심으로 한족 장수들이 일으킨 삼번의 난을 평정하고 대만의 정성공 일족을 멸하여 중국을 통일했다.

❷ 전례 문제(중국에서의 기독교 의례 방침에 대한 논쟁)를 계기로 1706년 예수회 이외의 포교를 금지했다.

❸ 중국 최초의 실측 지도인 《황여전람도》와 한자 사전인 《강희자전》이 만들어졌다.

◆ 청나라의 전성기, 강건성세

강희제(61년간 재위)
· 네르친스크 조약
· 지정은제

옹정제 (13년간 재위)
· 캬흐타 조약
· 오이라트계 국가인 준가르에 맞서 군기처 설치

건륭제(60년간 재위 후 양위)
· 준가르 평정 후 신강이라 명명 (현 신장 위구르)
· 영국 사절 매카트니 방문

배경 ❶ 강희제가 1661년, 해금 정책의 일종인 천계령(천해령)을 내자 1662년 정성공은 네덜란드가 지배하던 대만을 공격하여 점거했다.

❷ 천계령은 1684년 완전히 해제되었고 광저우를 비롯한 해안 도시에 해관을 설치했다.

경과 ❶ 1757년 건륭제는 유럽 선박의 내항을 광저우 한 곳으로 제한했다.

❷ 광저우에서는 공행이라는 특허 상인 조합이 무역을 관리하도록 했다.

◆ 전례 문제

유교 전통과 조상 숭배를 인정한 예수회에 다른 기독교파가 반발

↓

┌ **강희제**
│　예수회 이외 금지
├ **옹정제**
│　기독교 전면 금지
└ **건륭제**
　　외국 선박의 내항 제한

배경 미얀마의 따웅우 왕조(1531~1752)는 몬족의 한따와디 왕국(페구 왕조)에 멸망했다.

경과 ❶ 1752년 알라웅파야가 한따와디 왕국을 멸망시키고 미얀마 최후의 왕조를 건국했다.

❷ 1767년에는 아유타야 왕조를 멸망시키고 인도 동부의 아삼까지 진출했다.

❸ 1885년 영국에 멸망했다.

◆ 인도차이나반도 3국

18세기 말
┌ 베트남(응우옌 왕조)
├ 태국(라따나꼬신 왕조)
└ 미얀마(꼰바웅 왕조)
　　※현 국가 형태의 원형

19세기 후반(서구의 압력)
· 영국과 프랑스의 식민지화
· 태국만 독립국 유지

1	장택단이 그렸다고 전해지는 송나라 시대의 개봉을 그린 그림은?	1	〈청명상하도〉
2	품질 좋은 도자기 산지로 알려진 강서성(장시성)의 도시는?	2	경덕진(징더전)
3	사마광이 편년체로 저술한 역사서는?	3	《자치통감》
4	송나라 휘종 시절에 성행한 중국 궁전을 그리는 그림 제작소는?	4	화원(도화원)
5	주희(주자)가 강조한 사상으로 군주·부자는 본분을 지켜야 한다고 주장한 것은?	5	명분론
6	중국에서 비롯되었으며 르네상스 시기 서양에서 크게 발전한 기술 세 가지는?	6	화약, 나침반, 목판 인쇄
7	이슬람 문화에 영향을 받고 쿠빌라이 칸의 명으로 수시력을 작성한 과학자는?	7	곽수경
8	원나라 시절에는 서민 문화가 번성했는데, 그중 희곡과 연극을 부르는 말은?	8	원곡(元曲)
9	중국에서 처음으로 가톨릭을 포교한 프란체스코 수도사는?	9	몬테 코르비노
10	쿠빌라이 칸의 명을 받아 새 몽골 문자를 만든 사람은?	10	파스파
11	15세기에 세종대왕이 창제한 조선의 글자는?	11	훈민정음(한글)
12	아담 샬과 서광계에 의해 작성된 서양의 역법서는?	12	《숭정역서》
13	'심즉리'와 '지행합일' 등을 이야기한 명나라 시대 유학 학파는?	13	양명학
14	송응성이 저술한 명나라의 과학기술서는?	14	《천공개물》
15	마테오 리치가 만든 중국 최초의 세계지도는?	15	〈곤여만국전도〉
16	고증학의 창시자라고 불리는 《일지록(日知錄)》의 저자는?	16	고염무
17	청대의 상류사회를 그린 조설근의 장편소설은?	17	《홍루몽》

제6장

근대 유럽 I

15세기 말~17세기 후반

한눈에 파악한다!

유럽의 신항로 개척

1488년　**디아스의 희망봉 도착**

포르투갈의 바르톨로메우 디아스가 아프리카 남단의 희망봉에 도달했다.

1492년　**콜럼버스의 신대륙 도착**

제노바 출신의 콜럼버스가 스페인 여왕 이사벨의 원조로 바하마제도의 산살바도르섬에 도착했다.

1498년　**가마의 인도 항로 완성**

포르투갈의 바스쿠 다 가마가 인도의 캘리컷에 도착했다.

1492년　그라나다 함락

이베리아반도 최후의 이슬람 세력이었던 나스르 왕조의 수도 그라나다가 스페인에 함락당하며 스페인의 레콩키스타(국토 회복 운동)가 완성되었다.

1494년　이탈리아 전쟁

프랑스의 왕 샤를 8세가 이탈리아로 원정을 떠나며 이탈리아 전쟁이 발발했다.

같은 해

· 1494년
토르데시야스 조약

  ❶ 레콩키스타 완성 후 스페인·포르투갈의 영토 확대 욕구와 동방의 전설적 기독교 군주로 알려진 프레스터 존을 찾고자 하는 종교적 욕구가 높아졌다.

❷ 향신료 수요가 늘어나고 오스만 제국이 지중해까지 진출했다.

❸ 나침반·조선술·화기 등 과학 기술이 발달하고 르네상스에 기반한 과학 지식이 보급되었다.

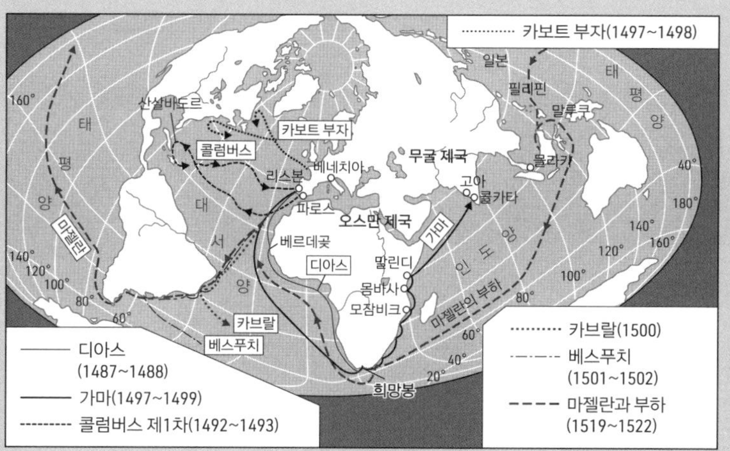

  서고트족의 아스투리아스 왕국 이래 레온, 카스티야, 나바라, 아라곤, 포르투갈 왕국 등이 레콩키스타를 진행했다.

  ❶1479년 스페인 왕국이 세워졌다.

❷ 1492년, 이베리아반도에 끝까지 남은 나스르 왕조(1232~1492)의 수도 그라나다가 포위전 끝에 함락되고 레콩키스타를 완성했다.

◆ **스페인 역사**

6세기	서고트 왕국
8세기	후우마이야 왕조
11세기	아라곤·카스티야 왕국 성립
1479년	스페인 왕국
1516년	합스부르크 가문
1700년	부르봉 가문
1808년	나폴레옹 전쟁
1936년	스페인 내전

  이탈리아는 경제적으로는 번영했으나 정치적으로는 도시 공화정·교황령·왕국 등으로 분열했다.

  ❶1494년 프랑스 왕 샤를 8세의 나폴리 왕국 원정으로 프랑스 왕가와 합스부르크가의 전쟁으로 번졌다.

❷ 포르투갈과 스페인은 교황의 중재로 세계를 둘로 나누는 토르데시야스 조약을 맺었다.

◆ **이탈리아 전쟁의 영향**

군사 혁명

기사→화포로 무장한 보병

주권 국가 체제로

전쟁의 장기화·대규모화

→왕에 의한 통일적 지배

→군 유지를 위한 증세

→국경 강화

이탈리아 르네상스의 쇠퇴

1500년 — 카브랄, 브라질에 도착

포르투갈의 페드루 알바레스 카브랄이
인도로 항해하다 풍랑으로 브라질에 도착했다.

더 알아보기
· 1513년
  스페인의 발보아, 파나마 지협
  횡단

한눈에 파악한다! — 포르투갈의 아시아 진출

1510년 인도의 고아 점령

1511년 믈라카 점령

1543년 포르투갈인이 일본 다네가섬에 표류

1557년 마카오에서의 거주권 획득
포르투갈은 맘루크 왕조와 오스만 제국의 해군을 격파하고 아시아로
진출했다.

1517년 — 95개조 반박문 발표

루터가 면죄부 판매를 비판하는 《95개조 반박문》을 발표하면서
종교개혁 운동이 일어났다.

더 알아보기
· 1521년
  보름스 제국의회 ➡

경과 ➊ 포르투갈은 항해왕자 엔히크를 중심으로 해외 진출을 적극적으로 진행했다.

➋ 1415년 모로코의 세우타를 공략하고 아프리카 서안으로 남하했다.

➌ 1500년 카브랄이 인도를 항해하던 도중 표류하다가 브라질에 도착했다.

➍ 발보아는 파나마 지협을 횡단하여 태평양에 도착했다.

◆ **잉카 제국**
- 15세기 중반 쿠스코를 수도로 남북 4,000km에 이르는 광대한 영역 지배
- 케추아어로는 타완틴수유(Tawantinsuyu)라고 부르며 '4방위의 땅'이라는 뜻
- 철기, 대형 가축, 바퀴가 없었으나 도로와 파발 제도가 발달했으며 매듭 문자인 키푸 사용
- 16세기 스페인의 프란시스코 피사로에 의해 멸망

경과 ➊ 1509년, 인도의 디우에서 포르투갈 해군이 해상 무역을 지배하던 맘루크 왕조와 오스만 제국군을 격파했다.

➋ 1510년 알부케르크가 인도의 고아를 점령하고 총독부를 두었다.

➌ 1511년 믈라카를 점령하고 향신료의 산지인 말루쿠 제도에 도착했다.

➍ 1543년 중국선에 탄 포르투갈인이 일본 규슈의 다네가섬에 표류하며 일본에 철포를 전했다.

➎ 1550년, 일본 나가사키현 히라도섬에 도착하고 남만 무역을 개시했다.

➏ 중국에 내항한 포르투갈인은 왜구를 진압하는 일에 협조하면서 1557년 마카오에 거주할 권리를 얻었다.

➐ 수도 리스본이 교역의 중심으로 떠올랐다.

◆ **포르투갈사**

1143년	포르투갈 왕국 독립 인정
1415년	세우타(모로코) 공략 → 신항로 개척 시작
1488년	디아스, 희망봉 도착
1494년	토르데시야스 조약으로 스페인과 함께 세계를 2분할
1509년	디우 해전에서 맘루크 왕조·오스만 제국군에게 승리
1550년	히라도섬 내항
1557년	마카오 거주권 획득
1580년	아비스 왕조 단절로 스페인과 병합
1640년	브라간사 왕조 탄생
1822년	브라질 제국 탄생
1910년	혁명으로 국왕 폐위, 공화정 탄생

경과 ➊ 비텐베르크 대학의 신학 교수 마르틴 루터는 1517년 95개조 반박문을 발표하고 면죄부를 비판했다.

➋ 루터는 1521년 교황 레오 10세에게 파문당하고 같은 해 보름스 제국의회에서 황제 카를 5세의 명으로 법에 의한 보호권을 박탈당했다.

참고 루터는 《그리스도인의 자유》에서 성서 제일주의와 신앙의인설을 주장했다.

◆ **루터 관련사**

1517년	95개조 반박문 발표
1519년	라이프치히 논쟁 → 이후 교황에게 파문당함
1521년	보름스 제국의회 → 황제로부터 제국 추방 작센공의 바르트부르크 성에서 신약성경을 독일어로 번역
1524년	독일 농민 전쟁 → 제후에게 진압을 요청

1521년 — 아즈텍 제국 멸망

스페인의 에르난 코르테스가 멕시코의
아즈텍 왕국을 멸망시켰다.

더 알아보기
· 1533년
  피사로가 잉카 제국을
  멸망시킴

1534년 — 수장령 제정

헨리 8세는 이혼 문제로 수장령을 선포하고 잉글랜드 국교회(성공회)를
창설했다.

같은 해
· 1534년
  예수회 설립

1541년 — 칼뱅의 종교개혁

제네바시에서 시정개혁을 시행하면서 칼뱅의 종교개혁도
함께 추진되었다.

1545년 — 트리엔트 공의회 개최

개신교의 종교개혁에 대항하여 가톨릭에서
트엔트리 공의회를 개최했다.
이는 교황의 권위를 재확인한 셈이 되었다.

배경　12세기부터 아즈텍족이 멕시코고원에 진출했고, 14세기에 테노치티틀란을 수도로 아즈텍 제국을 세웠다.

경과　❶ 1519년 스페인의 코르테스가 유카탄반도에 상륙했고, 1521년 아즈텍 제국을 멸망시켰다.
❷ 스페인은 식민지 통치자에게 원주민 관리를 맡기는 엔코미엔다 제도를 도입하고 원주민을 억압했다.

◆ **아즈텍 제국의 특징**

14세기　텍스코코호(湖) 위 섬에 수도 테노치티틀란 건설
15세기　제국으로서 자립
· 지배한 지역에 공납과 물물 교환 등으로 현지 전통 존중
· 태양을 숭배한 인신 공양
· 호수 위에 인공으로 경작지를 조성하는 치남파 농법 개발
16세기　코르테스에 의해 멸망

배경　❶ 13세기 존 왕의 실정(失政)이 있었고, 14세기에는 신학자 존 위클리프가 종교개혁을 주장했다.
❷ 튜더 왕조의 헨리 8세가 왕비 캐서린과의 이혼 문제로 교황과 대립했다.

경과　헨리 8세는 수장령을 선포하고 잉글랜드 왕을 수장으로 하는 잉글랜드 국교회(성공회)를 창설하여 교황으로부터 독립했다.

◆ **가톨릭으로부터의 독립**

잉글랜드
국교회(성공회)
헨리 8세~엘리자베스 1세
프랑스
갈리아주의(갈리카니즘)
교황으로부터 프랑스 교회 독립 주장

배경　루터의 영향을 받아 1523년 취리히에서 츠빙글리가 종교개혁을 시작했다.

경과　❶ 칼뱅은 프랑스에서 박해받고 스위스로 피신하여 1536년 《기독교 강요》를 출판했다.
❷ 칼뱅은 1541년 제네바로 초청받아 신권정치 체제를 수립했다.
❸ 인간의 구원은 신이 결정한다는 예정설을 주창했으며 부의 축적을 죄로 보지 않았다.

◆ **개신교 비교**

루터파	칼뱅파
신앙의인설	예정설
세속 질서 용인 → 제후의 지지	영리활동 용인 → 시민층의 지지
영방교회제	장로제

내용　❶ 1545년 황제 카를 5세가 트리엔트 공의회를 개최했다.
❷ 교회 쇄신과 교황지상주의, 선행에 의한 구제 등의 교의를 확인했다.

의의　라욜라를 중심으로 예수회를 창설했고, 반종교개혁의 중심 세력인 서남 독일과 프랑스를 다시 가톨릭화하는 데 성공했다. 또한 해외 전도를 적극적으로 했다.

◆ **종교 전쟁**

위그노 전쟁(1562~1598)
프랑스 내전
네덜란드 독립 전쟁(1568~1609)
네덜란드 vs 스페인
독일 30년 전쟁(1618~1648)
최대 규모
청교도 혁명(1642~1649)
잉글랜드 내전

세기

BC
1
2
3
4
5
6
7
8
9
10
11
12
13
14
15
16
17
18
19
20
21

1555년 아우크스부르크 화의

아우크스부르크 화의로 종교 전쟁이 일단락되고
루터파(개신교) 신앙이 인정받았다.

1559년 카토-캉브레지 조약

프랑스 왕 앙리 2세, 스페인 왕 펠리페 2세,
잉글랜드 여왕 엘리자베스 1세까지 세 나라가
이탈리아 전쟁의 강화 조약을 맺었다.

같은 해
· 1559년
엘리자베스 1세,
통일법 제정 ➡

1562년 위그노 전쟁

가톨릭을 강요하자 프랑스에서 위그노 전쟁이 발발했다.
그 뒤 네덜란드가 스페인으로부터 독립을 선언했다.

더 알아보기
· 1568년
네덜란드 독립 전쟁 ➡

1580년 스페인의 포르투갈 병합

스페인 왕 펠리페 2세는 대가 끊긴 포르투갈 왕위를 계승했다.

경과 ❶ 황제 카를 5세는 프랑스의 프랑수아 1세, 오스만 제국의 술레이만 1세와 각각 대치 중이었으며 국내에서는 가톨릭과 개신교 간의 항쟁도 발생했다.

❷ 1555년 카를 5세는 가톨릭 및 개신교 제후들과 화의가 체결되자 퇴위했다.

내용 ❶ 이때 루터파는 승인되었으나 칼뱅파는 승인받지 못했다.

❷ 제후에게 가톨릭과 개신교의 선택권을 부여했다.

경과 ❶ 1521년 프랑스 왕 프랑수아 1세가 신성 로마 제국 황제 카를 5세와 전쟁을 벌였으나 1525년 파비아에서 패하고 프랑수아 1세는 포로로 잡혔다.

❷ 카를 5세는 프랑스 편에 선 교황에 맞서 로마를 약탈했다.

❸ 프랑스와 결탁한 오스만 제국군이 1529년 빈을 포위했다.

❹ 1557년 스페인의 요청으로 잉글랜드가 참전했다.

❺ 1559년 화의를 맺었다.

배경 ❶ 프랑스의 중산 계급 사이에서 위그노(개신교 칼뱅파)가 퍼졌다.

❷ 샤를 9세의 섭정인 카트린은 위그노에 대한 관용책을 실시했다.

경과 ❶ 1562년 기즈 가문의 위그노 탄압을 계기로 전쟁이 발발했다.

❷ 잉글랜드·네덜란드·스페인의 개입으로 전쟁이 커졌다.

❸ 1572년 발생한 성 바르톨로메오 축일의 학살로 위그노는 큰 타격을 입었다.

경과 ❶ 1580년 포르투갈 왕이 서거하자 모계 혈통인 스페인의 펠리페 2세가 왕위를 요구했다.

❷ 스페인군이 리스본을 함락하고 스페인과 포르투갈은 동군연합을 맺었다.

❸ 그 뒤 포르투갈에서는 스페인에 대한 저항 운동이 일어나 1640년 브라간사 왕조로 독립했다.

동시대사

1533년	러시아에서 이반 4세 즉위
1550년	알탄 칸이 북경 포위 (경술의 변)
1552년	동양의 사도 성 프란치스코 하비에르가 명나라에서 사망
1555년	한국: 을묘왜변, 일본: 가와나카지마 전투
1556년	무굴 왕조 악바르 대제 즉위

◆ **잉글랜드 국교회(성공회) 체제**

1534년	헨리 8세, 수장령 선포
1549년	에드워드 6세, 성공회 기도서 제정
1553년	메리 1세 즉위, 가톨릭 부활
1559년	엘리자베스 1세, 통일법 제정 →국교회 체제 확립

◆ **네덜란드사**

중세: 플랑드르(플란데런) 지방 (네덜란드·벨기에)

14세기	부르고뉴 공국
15세기	신성 로마 제국 (막시밀리안 1세)
16세기	카를 5세 퇴위, 스페인령으로
1568년	독립 전쟁 개시
1609년	사실상 독립

◆ **합스부르크사**

1438년 이후 신성 로마 제국 황제 세습

막시밀리안 1세
부르고뉴 공녀와 결혼

펠리페 1세
스페인 왕녀와 결혼

카를 5세(카를로스 1세)
유럽에 광대한 영토 소유
형제와 아들에게 제국을 물려주며 퇴위

1588년 — 잉글랜드, 스페인 무적함대 격파

엘리자베스 1세가 스페인 무적함대(아르마다)를 물리치고
제해권을 장악했다.

1589년 — 부르봉 왕조 수립

발루아 왕조가 단절되고 위그노의 수장인 앙리 4세가 부르봉 왕조를 열었다.

1598년 — 낭트 칙령

앙리 4세는 낭트 칙령을 선포하고 개인 신앙의 자유를 인정했다.

더 알아보기
- 1685년
  루이 14세, 낭트 칙령 폐지 ➡

1600년 — 잉글랜드, 동인도 회사 설립

엘리자베스 1세가 동인도 회사를 설립했다.

더 알아보기
- 1602년
  네덜란드,
  동인도 회사 설립 ➡

 잉글랜드의 엘리자베스 1세는 네덜란드의 독립을 돕고 드레이크에게 스페인 선박을 공격하라고 지시하는 등 펠리페 2세와 대립했다.

경과 1588년 펠리페 2세가 파견한 무적함대를 호킨스와 드레이크의 활약에 힘입어 격파했다. 이후 네덜란드와 잉글랜드가 세계 무역에서 크게 활약했다.

◆ **해상 패권의 흐름**

16세기: 스페인
· 신대륙에서 생산한 은 무역
· 포르투갈 병합

17세기: 네덜란드
· 발트해·아시아 무역
· 종교적 관용(유대인 활동)

18~19세기: 영국
· 국채 발행·의회의 협력
· 네덜란드와 명예혁명으로 동군연합

경과 ❶ 1562년 위그노 전쟁이 발발했다.

❷ 1589년 앙리 3세(재위 1574~1589)가 살해당하고 발루아 왕조가 단절되었다.

❸ 위그노의 지도자인 부르봉 가문의 앙리 4세(재위 1589~1610)가 즉위하며 부르봉 왕조가 열렸다.

❹ 앙리 4세는 위그노에서 가톨릭으로 개종하고 종교의 자유를 인정하는 낭트 칙령을 발표했다.

◆ **유럽의 국가 형태**

중세	신분제 국가
↓	왕과 귀족이 통치
근대	주권 국가
	┌ 전기: 절대왕정
	(주권자 = 왕)
	└ 후기: 국민 국가
	(주권자 = 국민)
현대	국가 연합
	유럽 연합(EU)

경과 독실한 위그노였던 나바르 왕 앙리는 1589년 프랑스의 앙리 4세로 즉위하면서 가톨릭으로 개종했다. 1598년에 낭트 칙령을 발표했다.

내용 위그노에게 개신교 신앙의 자유를 인정했다.

의의 유럽에서 처음으로 개인 종교의 자유가 인정되고 위그노 전쟁이 끝났다.

◆ **종교 화의**

1555년 아우크스부르크 화의
　　→ 루터파 승인

1598년 낭트 칙령
　　→ 위그노 승인
　　→ 루이 14세가 낭트 칙령 폐지

1648년 베스트팔렌 조약
　　→ 칼뱅파 승인

경과 ❶ 1600년 엘리자베스 1세가 잉글랜드 동인도 회사를 설립하고 아시아 무역의 독점권을 얻었다.

❷ 1623년 암보이나 사건에서 잉글랜드 동인도 회사가 네덜란드에 패한 이후 잉글랜드는 인도 경영에 전념했다.

❸ 자유주의가 확산하면서 1833년 중국 무역 독점권이 금지되었고, 1858년 세포이 항쟁으로 회사는 해산했다.

◆ **동인도 회사**

1600년　잉글랜드

1602년　네덜란드
· 세계 최초의 주식회사(조약 체결권· 군대 교전권 등의 특권 보유)

1604년　프랑스
· 앙리 4세가 설립 승인
· 단기간에 소멸
　→ 1664년 장바티스트 콜베르가 재설립

1607년   버지니아 식민지 건설

잉글랜드가 북아메리카 버지니아에 식민지를 건설했다.

더 알아보기
- 1619년
  식민지 의회 발족

1613년   로마노프 왕조 수립

미하일 로마노프가 러시아 최후의 왕조인 로마노프 왕조를 세웠다.

1618년   30년 전쟁

최대의 종교 전쟁이자 최초의 국제 전쟁인 30년 전쟁이 발발했다.

더 알아보기
- 1648년
  베스트팔렌 조약

1620년   청교도, 플리머스 착륙

국교회의 탄압을 받은 개신교 종파인 청교도들이
메이플라워호를 타고 잉글랜드에서 탈출하여
북아메리카 플리머스로 이주했다.

경과 ❶ 프랑스는 1604년에 퀘벡, 1682년에 루이지애나를 차지하고 식민지를 확대했다.

❷ 잉글랜드는 1607년 최초의 식민지 버지니아를 건설하고 1619년에 식민지 의회를 발족하여 자치를 시작했다.

❸ 네덜란드는 1614년 북아메리카의 뉴네덜란드를 식민지화하고, 1621년에 서인도 회사를 설립하여 아메리카와의 교역을 적극적으로 진행했다.

◆ **신대륙의 식민지화**

1539년 스페인이 플로리다 점령

1584년 월터 롤리의 버지니아 식민지화 실패

1604년 프랑스가 퀘벡을 식민지로 삼음

1607년 잉글랜드가 버지니아를 식민지로 삼음

17세기 초 네덜란드가 뉴네덜란드를 식민지로 삼음

경과 ❶ 1480년에 모스크바 대공 이반 3세가 주치 울루스(킵차크 칸국)에서 독립하고, 스스로 차르라 칭했다.

❷ 이반 4세가 노예제를 강화하고 차르라는 칭호를 공표했다. 예르마크가 시비르 칸국을 점령했다.

❸ 러시아 전국 회의에서 1613년 미하일 로마노프가 차르로 선출되면서 로마노프 왕조가 열렸다.

◆ **러시아사**

류리크 왕조

　1598년 단절

로마노프 왕조(1613~1917)

· 표트르 1세

　(재위 1682~1725)

· 예카테리나 2세

　(재위 1762~1796)

· 니콜라이 2세

　(재위 1894~1917)

계기 1618년 보헤미아의 개신교 신자들이 합스부르크 가문의 지배에 대항하자, 독일 제후들이 저마다 개신교와 가톨릭 편을 들며 나뉘어 항쟁했고 내란으로 이어졌다.

경과 ❶ 영국·프랑스·덴마크·스웨덴은 개신교를, 스페인은 가톨릭을 지원하면서 전쟁이 국제화되었다.

❷ 프랑스는 가톨릭 국가였으나 반(反)합스부르크였으므로 개신교 편으로 참전했다.

◆ **17세기의 위기 대응**

영국　두 차례의 혁명

　　　→ 의회제 확립

　　　　경제적 번영

프랑스　프롱드의 난

　　　→ 절대왕정 전성기

독일　30년 전쟁

　　　→ 국내 분열

네덜란드　발트해·아시아 해상 무역

　　　→ 중계 무역으로 번영

배경 제임스 1세는 국교회와 결탁하여 청교도를 탄압했다.

경과 ❶ 1620년 청교도는 메이플라워호를 타고 영국을 탈출했다. 그들을 '필그림 파더스'라고 부른다.

❷ 북아메리카 플리머스에 상륙하여 식민지를 건설했다. 이후 사람이 많아지면서 뉴잉글랜드 식민지가 형성되었다.

동시대사

1615년 일본, 오사카 결전

1619년 후금과 명나라의 사르후 전투

1622년 아바스 1세가 호르무즈섬 탈환

1625년 후고 그로티우스가 《전쟁과 평화의 법》 출판

1628년 무굴 제국에서 샤 자한 즉위

1642년 지동설을 주장한 갈릴레이 사망

1623년 — 암보이나 사건

말루쿠제도의 암보이나섬에서 네덜란드인이 잉글랜드인과 일본인을 살해했다.

더 알아보기
· 1624년
  네덜란드, 대만 점령 ➡

1641년 — 네덜란드, 믈라카 점령

네덜란드는 동남아시아에 믈라카, 아프리카에 케이프 등
식민 거점을 건설했다.

더 알아보기
· 1652년
  케이프 식민지 건설

1642년 — 청교도 혁명

잉글랜드 왕당파와 의회파의 내란으로
청교도 혁명(잉글랜드 내전)이 발발했다.

더 알아보기
· 1649년
  찰스 1세 처형,
  공화정 개시 ➡

1648년 — 베스트팔렌 조약

30년 전쟁의 강화 조약인 베스트팔렌 조약을 맺고
근대적 주권 국가 체제를 확립했다.

같은 해
· 1648년
  프랑스에서 프롱드의 난
  발생 ➡

배경　인도네시아의 말루쿠제도는 대규모 향신료 산지로, 처음에는 포르투갈이 무역을 독점했다.

경과　❶ 17세기부터 포르투갈을 대신하여 네덜란드가 동남아시아의 패권자로 떠올랐다.
❷ 1623년 네덜란드는 암보이나섬에서 잉글랜드 상관의 직원들을 학살했다. 이 사건은 영국이 인도에 전념하는 계기가 되었다.

◆ **네덜란드의 거점**

동남아시아
1619년	바타비아 건설
1624년	대만에 질란디아 요새 건설

아메리카
17세기 전반	뉴네덜란드 식민지
1667년	남미 기아나 식민지

아프리카
1652년	케이프 식민지 건설

경과　❶ 독립 이후 네덜란드는 종교 관용 정책을 폈다. 이로 인해 많은 유대인이 이주해 왔고 상업망과 금융망이 발달했다.
❷ 1602년에 동인도 회사를 설립하여 아시아에 진출했다. 자바섬의 바타비아를 근거지로 포르투갈에서 믈라카와 실론을 빼앗았다. 대만을 일시적으로 점령했으며 쇄국 중인 일본과도 교역했다.
❸ 1652년 희망봉에 케이프 식민지를 건설했다.

◆ **설탕의 역사**

11세기	십자군 원정으로 유럽에 설탕 전래
15세기	콜럼버스가 아프리카의 사탕수수를 서인도제도로 들여옴
16세기	브라질(포르투갈)을 중심으로 아이티(프랑스)·자메이카(잉글랜드) 등에서도 흑인 노예를 통한 플랜테이션 성행

경과　❶ 찰스 1세의 권리 청원 수용 이후 11년간 의회는 열리지 않았다.
❷ 1640년 스코틀랜드에서 반란이 발생하자 찰스 1세는 군비 조달을 위해 의회를 소집했다.
❸ 의회는 증세에 반대했고 왕은 다시 3주간 의회를 해산했다.(단기 의회)
❹ 1640년 가을에 재소집한 의회에서도 과세를 거부당했다.(장기 의회)
❺ 1642년 내전이 발발했다.

◆ **청교도 혁명의 흐름**

의회파 VS 왕당파
- 장로파(입헌군주제)
- 독립파(공화정)
- 수평파(급진파)

↓

1648년	독립파가 주도권 장악 (올리버 크롬웰)
1649년	공화정 실시 (영국 역사상 유일한 공화정 시기)

내용　❶ 칼뱅파가 공인되었다.
❷ 스위스와 네덜란드의 독립을 정식 승인했다.
❸ 프랑스가 알자스로렌 지방을 획득했다.
❹ 스웨덴이 발트해의 패권을 장악하고 발트 제국이 되었다.
❺ 내전 중인 잉글랜드는 참가하지 않았다.

의의　❶ 독일 각 연방의 주권을 인정했고, 이는 독일 분열의 결정적 원인이 되었다.
❷ 피해가 적었던 오스트리아와 프로이센이 강국으로 떠올랐다.

◆ **루이 14세(재위 72년)**
· 재무장관 콜베르의 활약
· 베르사유 궁전 건설
· 많은 침략 전쟁

1648년	프롱드의 난 귀족의 반란 → 진압되며 왕권 강화
1672년	네덜란드 침략 전쟁
1701년	스페인 왕위 계승 전쟁 → 스페인 왕으로 손자 지명 → 영국 영토 확대

세기

1651년 항해조례 제정

잉글랜드 의회는 물품 운송을 잉글랜드 또는 생산국의 배로만 한정하는 법을
제정하여 네덜란드를 견제했다.

더 알아보기

· 1652년
  제1차 영국·네덜란드 전쟁

1673년 심사율 제정

잉글랜드 의회는 심사율을 제정하고 공직 자격을
국교회(성공회) 신도로 한정했다.

더 알아보기

· 1679년
  인신보호법 제정 ➡

1688년 명예 혁명

명예 혁명으로 잉글랜드와 네덜란드는 동군연합이 되었다.

더 알아보기

· 1689년
  권리장전 선포 ➡

1689년 네르친스크 조약

청나라 강희제가 러시아의 표트르 1세와
네르친스크 조약을 맺고 동북 지방의 국경을 정했다.

경과 ❶ 1649년 잉글랜드는 국왕 찰스 1세가 처형되고 공화정 시대가 열렸다.

❷ 1651년 의회는 항해법을 선포하고 이듬해 네덜란드와 전쟁을 벌였다.

❸ 1653년 올리버 크롬웰은 종신 호국경이 되어 군사 독재를 시작했다.

❹ 크롬웰 사후 1660년, 찰스 2세가 프랑스로 망명했다가 귀국하여 왕정 복고가 이루어졌다.

◆ **스튜어트 왕조**

제임스 1세
찰스 1세
국교회(성공회) 강요 ↓
청교도 혁명
찰스 2세
제임스 2세
가톨릭 강요 ↓
명예 혁명

경과 ❶ 찰스 2세(재위 1660~1685)는 청교도를 탄압하고 가톨릭 부활을 노렸다.

❷ 1673년 의회는 심사율을 제정하고 국교회가 아닌 사람을 공직에서 추방했다.

❸ 1679년 인신보호법을 제정하고 불법적인 체포와 재판을 금지했다.

❹ 이 무렵 왕위 계승을 둘러싸고 토리당과 휘그당이 나타나 대립했다.

◆ **19세기 자유주의 개혁**

항해법
1651년 제정 → 1849년 폐지
심사율
1673년 제정 → 1828년 폐지
인신보호법
1679년 제정 → 1817년 정지
곡물법
1815년 제정 → 1846년 폐지

원인 찰스 2세 사후 즉위한 동생 제임스 2세 역시 절대 왕권을 지지했으며 가톨릭을 믿었다.

경과 ❶ 1688년 의회는 왕을 폐위하고 장녀 메리와 그 남편인 네덜란드 총독 오라녀 공 빌럼을 왕으로 추대했다.

❷ 두 사람은 의회의 '권리 선언'을 승인하고 이를 '권리 장전'이라는 이름으로 제정했다.

◆ **영국과 프랑스 관계**

1672년 네덜란드 침략 전쟁
루이 14세 vs 오라녀 공 빌럼
1688년 명예 혁명 ↓
잉글랜드 왕 윌리엄 3세
(아일랜드 반란 진압)
→제2차 잉글랜드(영국)·
프랑스 백년전쟁으로 발전

경과 아무르강(흑룡강)을 따라 남하하는 러시아를 피해 강희제는 표트르 1세와 조약을 맺었다.

내용 아르군강과 스타노보이산맥을 국경으로 하고 통상을 규정했다.(중국이 맺은 최초의 국제 조약)

참고 그 뒤 몽골 지역의 국경을 두고 1727년 캬흐타 조약, 1881년 이리 조약을 맺었다.

◆ **강희제의 업적**

1681년
삼번의 난 평정
1683년
정성공(정씨 일족) 평정
→ 대만 영유
1689년
네르친스크 조약
1690년, 1696~1697년
준가르 친정(親征)

1	피렌체 사람으로 지옥·연옥·천국의 여행을 그린 《신곡》의 저자는?	**1**	단테
2	《햄릿》,《베니스의 상인》의 저자는?	**2**	윌리엄 셰익스피어
3	〈최후의 만찬〉, 〈모나리자〉를 그렸으며 만능 천재로 유명한 사람은?	**3**	레오나르도 다 빈치
4	풍경화와 농민화로 유명한 16세기 플랑드르 화가는?	**4**	피테르 브뤼헬
5	지동설을 주장한 폴란드의 천문학자는?	**5**	니콜라우스 코페르니쿠스
6	마인츠 출신으로 활판 인쇄기를 실용화한 인물은?	**6**	요하네스 구텐베르크
7	만유인력을 발견했으며 《프린키피아》를 쓴 영국의 학자는?	**7**	아이작 뉴턴
8	'나는 생각한다. 고로 존재한다'로 알려졌으며 합리론을 주창한 철학자는?	**8**	르네 데카르트
9	《자유해양론》,《전쟁과 평화의 법》으로 알려진 네덜란드 학자는?	**9**	후고 그로티우스
10	《철학서간》을 저술한 프랑스의 계몽사상가는?	**10**	볼테르
11	《경제표》를 저술하고 중농주의와 경제의 자유방임을 주장한 사람은?	**11**	프랑수아 케네
12	《국부론》를 쓴 자유주의 고전 경제학을 확립한 사람은?	**12**	애덤 스미스
13	루이 14세가 건설한 화려한 바로크 양식의 궁전은?	**13**	베르사유 궁전
14	바로크 시대를 대표하는 플랑드르파 화가이자 외교관은?	**14**	루벤스
15	《시녀들》로 알려진 바로크 시대의 스페인 화가는?	**15**	디에고 벨라스케스
16	《야경》으로 알려진 17세기의 네덜란드 화가는?	**16**	렘브란트
17	17~18세기에 프랑스에서 유행한 지식인들의 사교장을 부르는 이름은?	**17**	살롱

제7장

근대 유럽 II

17세기 말~19세기 초반

1700년 — 북방 전쟁

표트르 1세가 발트해 진출을 목표로
스웨덴과 북방 전쟁을 벌였다.

1701년 — 스페인 왕위 계승 전쟁

프랑스의 루이 14세는 스페인 왕위 계승 전쟁을 벌였고,
위트레흐트 조약을 체결했다.

1713년 — 위트레흐트 조약

1713년 스페인 왕위 계승 전쟁이 끝나고 위트레흐트 조약을 체결했다.

1714년 — 하노버 왕조 수립

독일의 조지 1세가 즉위하면서 스튜어트 왕조가 끝나고
하노버 왕조가 수립되었다.

원인　표트르 1세는 발트해로 진출하려는 야욕을 품고 북유럽 최강국인 스웨덴의 카를 12세에게 도전했다.

경과　❶ 1700년 덴마크·폴란드 등과 힘을 합쳐 러시아가 역전 승리했다.

❷ 1721년 뉘스타드 조약으로 발트해 연안을 차지했다.

참고　전쟁 중 네바강 부근에 상트페테르부르크를 건설하였으며 1712년에 천도했다.

경과　❶ 스페인의 합스부르크 왕조가 1700년 카를로스 2세의 죽음으로 단절되었다.

❷ 루이 14세의 손자 펠리페 5세가 왕위를 계승하자 잉글랜드·네덜란드·오스트리아 등이 연합하여 1701년 전쟁을 일으켰다.

❸ 잉글랜드(영국)와 프랑스는 1702년부터 북아메리카 식민지를 두고 앤 여왕 전쟁으로 다시 싸웠다.

결과　1713년 위트레흐트 조약으로 영국이 우위를 차지하며 끝났다.

내용　❶ 1713년에 스페인 왕위 계승 전쟁의 강화 조약을 맺었다.

❷ 프랑스와 스페인이 합병하지 않는다는 조건으로 루이 14세의 손자인 펠리페 5세의 즉위를 인정했다.

❸ 영국은 스페인으로부터 지브롤터와 미노르카(메노르카) 지방을, 프랑스로부터는 뉴펀들랜드·아카디아·허드슨만 지방을 얻었다.

경과　❶ 1707년 앤 여왕 시절, 잉글랜드가 스코틀랜드를 병합하고 그레이트브리튼 왕국을 수립했다.

❷ 앤 여왕의 죽음으로 스튜어트 왕가(1603~1714)가 단절되었다.

❸ 독일의 하노버 공 조지 1세가 추대되면서 하노버 왕조가 열렸으나, 1917년 제1차 세계대전 중에 적국의 지명이라는 이유로 윈저 왕조로 개칭되어 현재까지 이어지고 있다.

◆ 러시아와 청나라의 국경

네르친스크 조약(1689)
　아르군강과 스타노보이산맥(외흥안령)
캬흐타 조약(1727)
　몽골 방면
아이훈 조약(1858)
　아무르강(흑룡강)
북경 조약(1860)
　연해주를 러시아에 할양
이리 조약(1881)
　신강 이리 지방이 청나라에 편입

◆ 스페인사

BC 3세기	로마의 지배를 받음
6세기	서고트 왕국
8세기	이슬람의 지배를 받음
11세기	베르베르족의 지배를 받음
1479년	스페인 왕국
1516년	합스부르크 가문
1700년	부르봉 가문
19세기	공화정→왕정 복고
20세기	프랑코 독재→왕정 복고

◆ 스페인 왕위 계승 전쟁의 영향

① 프로이센은 신성 로마 제국 황제를 도우며 왕국으로 승격
② 라슈타트 조약으로 1714년 오스트리아가 벨기에를 획득
③ 영국은 스페인으로부터 노예 무역 독점권인 아시엔토(Asiento)를 획득하여 번영의 계기 마련

◆ 하노버 왕조(윈저 왕조)

조지 1세
· 영어를 사용하지 못함
　→ 휘그당의 로버트 월폴에 의해 책임내각제(의원내각제) 성립
조지 3세
· 산업 혁명 진전
· 미국 독립 당시의 왕
빅토리아 여왕
· 팍스 브리타니카(대영제국) 시대

1740년 · 오스트리아 왕위 계승 전쟁

마리아 테레지아와 프리드리히 2세가
오스트리아 왕위 계승 전쟁을 벌였다.

1756년 · 7년 전쟁

오스트리아의 마리아 테레지아가 슐레지엔을 차지하기 위해 프로이센과 7년
전쟁을 벌였고, 이내 국제 전쟁으로 번졌다.

1757년 · 플라시 전투

플라시 전투에서 영국 동인도 회사가 프랑스와 벵골 토후 연합군을 격파했다.

1763년 · 파리 조약

파리 조약으로 7년 전쟁과 북미·인도에서의 식민지 전쟁은
영국의 승리로 끝났다.

경과 ❶ 1740년 마리아 테레지아의 오스트리아 황제 즉위를 두고 바이에른·작센의 선제후와 프랑스·스페인의 반발로 전쟁이 벌어졌다. 영국이 오스트리아를 지지하면서 국제 전쟁으로 번졌다.

❷ 프로이센의 프리드리히 2세가 슐레지엔 지방을 점령했다.

결과 1748년 아헨(엑스라샤펠) 조약 체결로 전쟁이 끝나고, 마리아 테레지아의 합스부르크 왕조 계승을 승인했다.

경과 ❶ 마리아 테레지아는 슐레지엔 탈환을 목표로 계몽 전제군주로서 개혁을 시행하는 한편 외교 혁명으로 오랜 숙적인 부르봉 왕조와 동맹을 맺었다.

❷ 영국은 프로이센의 프리드리히 2세를, 프랑스·스페인·러시아는 오스트리아를 원조했다. 그 결과 국제 전쟁으로 번졌다.

결과 1763년 후베르투스부르크 조약을 맺고 프로이센의 슐레지엔 영유를 인정했다.

경과 ❶ 18세기 무굴 제국의 분열로 유럽 세력이 침입했다.

❷ 영국과 프랑스는 세계 각지에서 전쟁을 벌였다.

❸ 영국은 1744년 남인도에서 프랑스와 벌인 카르나티크 전쟁에서 승리했고, 1757년 로버트 클라이브가 프랑스·벵골 연합군을 플라시 전투에서 격파했다.

❹ 영국은 1764년 북사르 전투에서 승리하고 벵골에서의 징수권을 획득했다.

내용 ❶ 7년 전쟁 및 인도·아메리카에서의 전쟁을 끝낼 목적으로 영국과 프랑스가 맺은 조약으로, 대부분 영국에 유리한 내용이었다.

❷ 영국은 프랑스로부터 캐나다와 미시시피강 동쪽의 루이지애나·도미니카를, 스페인으로부터 플로리다를 획득했다.

❸ 스페인은 쿠바와 미시시피강 서쪽의 루이지애나를 획득했다.

◆ **계몽 전제군주**

강력한 귀족에 대항
(부르주아 계급 미성숙)
↓
계몽 사상을 기반으로 국내 개혁 진행

대표 군주
프로이센의 프리드리히 2세
러시아의 예카테리나 2세
오스트리아의 요제프 2세

◆ **환대서양 지역**

7년 전쟁(세계 규모의 전쟁)
→ 각 나라에 전쟁 비용 부담
↓
영국: 식민지 획득
　　　→산업 혁명 촉발
　　　아메리카 식민지에 과세
　　　→미국 독립 촉발
프랑스: 재정난→프랑스 혁명 촉발
　　　→라틴 아메리카 식민지의
　　　　독립 운동
스페인: 본국의 혼란→식민지 독립

◆ **제2차 영국·프랑스 백년 전쟁**

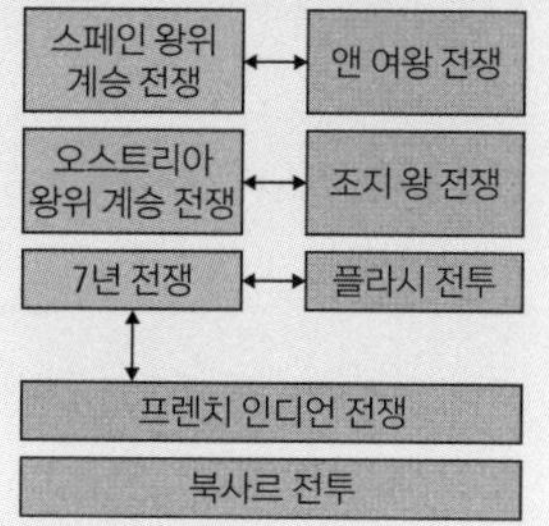

◆ **루이지애나의 지배 변천**

미시시피강 동쪽
1763년　파리 조약
　　　　프랑스→영국
1783년　파리 조약
　　　　영국→미국

미시시피강 서쪽
1763년　프랑스→스페인
1800년　스페인→프랑스
1803년　프랑스→미국

1765년 인지조례 재정

미국 식민지에 대한 과세 정책인 인지조례가 영국에서 제정되자,
13개 식민지는 '대표 없이 과세 없다'라고 주장하며 반대했다.

한눈에 파악한다! 미국의 독립 과정

1773년 보스턴 차 사건
영국이 홍차조례를 제정하자 차 상인들이 이에 반대하며 보스턴 차
사건이 발생했다.

1774년 제1차 대륙회의
13개의 식민지는 필라델피아에서 제1차 대륙회의를 열고 본국에
항의했다.

1775년 미국 독립 전쟁
렉싱턴과 콩코드에서 양쪽 군대의 무력 충돌이 발생하고 독립 전쟁이
발발했다.

1776년 미국 독립 선언

1776년 대륙회의에서 독립의 당위성을 선언했다.

더 알아보기

· 1787년
미국 헌법 제정 ➡

배경　7년 전쟁 후, 영국은 중상주의 정책을 강화하고 전쟁 비용과 식민지 경비 등의 재정 부담을 아메리카(미국) 13개 식민지에 부과했다.

경과　❶ 1764년에 사탕법을 제정했고, 1765년에는 인지조례를 제정하여 신문을 비롯한 인쇄물에 본국에서 발행했다는 인지를 붙이게 했다.

❸ 식민지 의회는 '대표 없이 과세 없다'라고 주장하며 강하게 반대했으며, 1년 뒤인 1766년에 폐지되었다.

◆ 13개 식민지

매사추세츠
　보스턴 중심

메릴랜드(1632년 설립)
　가톨릭교도의 정착지

펜실베이니아
　필라델피아 중심

조지아(1732년 설립)
　13개 식민지 중 마지막으로 합류

배경　❶ 북아메리카 대륙 동부 연안에 세워진 13개의 영국 식민지는 종교와 성립 과정이 각자 달랐으며 상호 연대가 미약했다.

❷ 북부에서는 농업·상공업이 발달했고, 남부에서는 흑인 노예를 활용한 플랜테이션이 활발했다.

경과　❶ 7년 전쟁으로 피폐해진 조지 3세 치하의 영국은 북아메리카 식민지에 대한 과세와 통치를 강화하려 했다.

❷ 본국 의회가 1764년 사탕법, 1765년 인지조례를 차례로 제정하자 식민지 측은 '대표 없이 과세 없다'라며 반발했다.

❸ 1773년 홍차조례가 제정되자 보스턴 차 사건이 일어났다.

❹ 1774년 영국은 보스턴항을 봉쇄하고 매사추세츠 식민지의 자치권을 박탈하는 등 강압적으로 대처했다.

❺ 1774년 13개 식민지는 제1차 대륙회의를 열고 본국에 항의했다.

❻ 1775년 렉싱턴과 콩코드에서 무력 충돌이 발생하고, 제2차 대륙회의에서 워싱턴을 총사령관으로 임명하며 미국 독립 전쟁이 발발했다.

경과　❶ 원래 식민지 측에서 독립을 바라는 세력은 소수였다.

❷ 1775년 패트릭 헨리의 '자유가 아니면 죽음을 달라'라는 연설, 1776년 토머스 페인의 《상식(Common Sense)》이 호응을 얻으며 독립을 향한 열망이 강해졌다.

❸ 1776년 필라델피아에서 토머스 제퍼슨이 초안을 작성한 독립선언문을 선포했다.

◆ 미국 헌법의 특징

① **인민 주권**

② **연방주의**
　· 연방정부에 징세권·통상권·군사권
　· 주(州) 정부에 자치권 대폭 부여

③ **삼권분립**
　· 대통령제

※단, 당시 선주민(원주민)·흑인의 권리나 사회권에 관한 규정은 없었음

1781년   요크타운 전투

미국·프랑스 연합군이 요크타운에서 영국에 승리하면서 사실상 독립이
이루어졌다.

1783년   파리 조약

영국은 파리 조약을 맺고 미합중국의 독립을
공식적으로 승인했다.

한눈에 파악한다!   산업 혁명(IR)

1733년   존 케이의 플라잉 셔틀
존 케이가 직조기를 일부 자동화한 플라잉 셔틀(나는 북)을 발명한 후
면 생산이 배로 증가했다.

1769년   제임스 와트, 증기기관 개량
토머스 뉴커먼이 실용화한 증기기관을 와트가 개량했다.

1785년   카트라이트의 역직기
에드먼드 카트라이트가 증기기관을 이용하여 역직기를 발명했다.

경과 ❶ 초기에는 독립군이 고전했지만 주프랑스 대사인 프랭클린의 활약에 힘입어 1778년 프랑스, 1779년에는 스페인이 미국 쪽으로 참전했다.

❷ 1780년 러시아의 예카테리나 2세가 무장중립동맹을 결성해 영국을 견제했다.

❸ 1781년 미국·프랑스 연합군이 요크타운 전투에서 결정적인 승리를 거뒀다.

경과 ❶ 1777년 새러토가 전투에서 독립군이 승리했다. 이후 프랑스·스페인·네덜란드도 본격적으로 참전했다.

❷ 1781년 요크타운 전투가 벌어졌다.

내용 ❶ 영국은 미국의 독립을 인정했다.

❷ 미시시피강 동쪽에 있는 루이지애나를 미국에 할양했다.

참고 미시시피강 서쪽에 있는 루이지애나는 원래 스페인령이었으나 이후 프랑스령이 되고, 1803년에 미국이 사들였다.

영국 산업 혁명의 원인, 4M

❶ 방직업 발전으로 자본이 쌓이고 있었다.(Money)

❷ 프랑스와의 식민지 전쟁에서 승리하여 광대한 식민지를 획득했다.(Market)

❸ 제2차 인클로저 운동 결과 많은 농민이 노동자가 되었다.(Man)

❹ 석탄과 철 등 자원이 풍부했다.(Material)

전개 과정

❶ 존 케이가 면직물 직조 기계인 '플라잉 셔틀(나는 북)'을 발명하자 면사가 부족해졌다.

❷ 하그리브스가 제니 방적기를 발명했고, 아크라이트가 수레바퀴를 활용해 수력 방적기를 발명했다. 크럼프턴은 두 사람의 기술을 모두 활용한 뮬 방적기를 발명했다.

❸ 카트라이트가 증기를 동력으로 한 역직기를 발명했다.

산업 혁명의 영향

❶ 자본주의가 탄생하고 영국에서 자유주의가 대두했다. 아시아는 빠르게 식민지화되었다.

❷ 도시에 인구가 몰리는 사회 문제가 발생했다. 자본가와 노동자 간 대립으로 노동 문제가 생겨나고 사회주의 사상이 탄생했다.

1772년 — 제1차 폴란드 분할

러시아·프로이센·오스트리아 세 나라가 제1차 폴란드 분할을 일으켰다.

더 알아보기
· 1793년 제2차 분할
· 1795년 제3차 분할 ➡

한눈에 파악한다! 프랑스 혁명기의 정치체제

1789년 국민 의회
삼부회에서 평민이 중심인 국민 의회를 설립했고, 이후 국민 제헌 의회로 명칭을 바꿨다.

1791년 입법 의회
국민 의회는 헌법을 제정하고 제한적으로 참정권을 허용하는 입법 의회를 설립했다.

1792년 국민 공회(제1공화정)
왕정 폐지 후 남성 보통 선거권을 기반으로 하는 국민 공회를 세우고 제1공화정을 개시했다.

1789년 — 프랑스 혁명

1789년 7월, 파리 시민이 바스티유 감옥을 습격하면서 프랑스 혁명이 발발했다.

같은 해
· 1789년
 인권 선언
 (인간과 시민의 권리 선언)

경과 ❶ 폴란드는 야기에우워 왕조 단절 후 16세기 후반 쇠퇴했다.

❷ 러시아의 예카테리나 2세는 프로이센의 프리드리히 2세, 오스트리아의 마리아 테레지아와 결탁하여 폴란드 영토의 분할 점령을 추진했다.

❸ 분할은 세 차례에 걸쳐 진행되었으며 제2차 분할 당시 오스트리아는 프랑스 혁명으로 인해 참여하지 않았다. 예카테리나 2세는 제3차 분할까지 참여했다.

❹ 이들에 맞선 코시치우슈코의 저항 운동은 실패했다.

◆ **폴란드 분할**

1772년 제1차 분할

1793년 제2차 분할
(코시치우슈코의 저항)

1795년 제3차 분할

1807년 바르샤바 공국
(프랑스의 괴뢰국)

1815년 폴란드 입헌왕국
(빈 의정서)

1918년 폴란드 독립

국민 의회

제3신분 중심

❶ 1789년 봉건적 특권을 폐지하고, 10월에는 파리 민중들이 베르사유를 향해 행진했다. 이후 국민 의회는 파리로 이전했다.

❷ 교회 재산을 몰수하고 길드를 폐지했다.

입법 의회

1791년 헌법에 따른 성립

❶ 푀양파(입헌군주정 지지)보다 지롱드파(공화정 지지)가 우세하여 1792년에 지롱드파 내각이 집권했다.

❷ 오스트리아에 선전포고했으나 고전을 면치 못했고, 전국에서 의용군을 모집했다.

❸ 민중은 1792년 8월 10일 봉기를 일으켜 왕권을 정지시켰다.

국민 공회

왕권 정지 후 남성 보통 선거에 의해 출범

❶ 1792년 제1공화정을 실시하고 이듬해 루이 16세를 처형했다.

❷ 국외에서는 대(對)프랑스 동맹이 결성되고 국내에서는 방데에서 반란이 발생하는 등 안팎으로 위기를 맞이했다.

❸ 더욱 강경파인 자코뱅파가 대두하고 1793년 공포정치를 개시했다.

배경 혁명 전 프랑스 사회는 앙시앵 레짐(구체제)로 제1신분(성직자), 제2신분(귀족)에게 면세 특권이나 영주 재판권이 있었으며, 이들이 인구의 90%를 차지하는 제3신분(평민)을 지배했다.

경과 ❶ 1789년 루이 16세의 과세에 귀족은 삼부회를 요구했다.

❷ 1789년 7월, 파리의 민중이 바스티유 감옥을 습격하면서 혁명이 발발했다.

◆ **프랑스 인권 선언**

1789년 8월
라파예트가 초안 작성

〈구성〉
① 기본적 인권
② 인간의 자유·평등
③ 국민주의
④ 사상·언론의 자유
⑤ 사유재산의 불가침 등 17개 조

1791년   아이티 혁명

프랑스 혁명의 영향으로 식민지 생도맹그(아이티)의 투생 루베르튀르가 프랑스로부터 독립 운동을 시작했다.

더 알아보기

· 1780년
투팍 아마루의 반란

1791년   바렌 도주 사건

1791년 6월, 프랑스의 루이 16세 일가가 도주를 계획했지만, 국경 부근인 바렌에서 발각되었다.

더 알아보기

· 1792년
프랑스, 오스트리아에
선전포고

1794년   테르미도르의 반동

테르미도르의 반동으로 로베스피에르가 처형되고 공포정치가 끝났다.

더 알아보기

· 1795년
총재 정부 창설

1798년   나폴레옹의 이집트 원정

나폴레옹이 영국에 타격을 입히기 위해 오스만 제국 치하인 이집트로 원정을 나섰다.

더 알아보기

· 1799년
제2차 대(對)프랑스 동맹 ➡

경과 ❶ 1780년 잉카 제국의 부흥을 내세운 투팍 아마루가 페루에서 반란을 일으켰으나 스페인이 진압했다.
❷ 히스파니올라섬 동부는 스페인령, 서부는 프랑스령이 되었고 프랑스는 흑인 노예를 활용해서 사탕수수 재배를 확대했다.
❸ 1791년 투생 루베르튀르를 지도자로 혁명이 일어났고, 그의 사후인 1804년 아이티가 독립했다.

◆ 라틴 아메리카 나라들의 독립

1804년	아이티 독립 (최초의 흑인 공화국)
1816년	아르헨티나 독립
1818년	칠레 독립
1819년	그란 콜롬비아 성립
1821년	페루·멕시코 독립
1822년	브라질 독립(제국)
1825년	볼리비아 독립
1828년	우루과이 독립

경과 ❶ 1791년 4월, 국민 의회 의장 출신이자 국왕과 결탁한 귀족 미라보가 사망했다.
❷ 1791년 6월, 루이 16세 일가는 왕비의 모국인 오스트리아로 망명을 시도했으나 실패했다.
❸ 1791년 8월, 오스트리아는 루이 16세에 대한 지원의 내용을 담은 필니츠 선언을 발표했다.
❹ 1792년 3월, 지롱드파 내각이 들어서고 4월에는 오스트리아에 선전포고를 했다. 9월에 발미에서 첫 승리를 거뒀다.

◆ 혁명 당시의 당파

자코뱅파(1789년 결성)

1791년 → **푀양파 탈퇴** (입헌군주제 지지)

1792년 → **지롱드파 탈퇴** (온건 공화정파)

→ **자코뱅파** 산악파(몽테뉴파)라고도 부름 (급진 공화정파)

경과 ❶ 1793년 이후 로베스피에르를 중심으로 자코뱅파 정권이 독재를 개시했다.
❷ 1793년 헌법(시행되지 않음), 최고가격령 등의 정책 결정, 미터법 채택, 그레고리력을 대체하는 혁명력(공화력)을 채택했다.
❸ 1794년 7월 테르미도르의 반동으로 로베스피에르가 실각했다.
❹ 1795년 총재 정부를 수립했다.

◆ 프랑스의 정치체제

1792년	제1공화정
1804년	제1제정(보나파르트 왕조)
1814년	부르봉 복고 왕정
1830년	7월 왕정
1848년	제2공화정
1852년	제2제정
1871년	제3공화정
1946년	제4공화정
1958년	제5공화정

배경 산업 혁명이 진행 중인 영국은 인도와의 관계를 강화할 경유지로 이집트를 골랐다.
경과 ❶ 1796년 이탈리아 원정군 사령관이 되어 이름을 알린 나폴레옹은 1798년 이집트 원정을 나섰다.
❷ 피라미드 전투에서 승리했지만, 아부키르만 해전에서 영국 제독 넬슨에게 패배했다.

◆ 대프랑스 동맹의 계기

제1차(1793년)
루이 16세 처형
제2차(1799년)
나폴레옹의 이집트 원정
오스만 제국도 동맹 참여
제3차(1805년)
나폴레옹의 황제 즉위
제6차(1813년)
나폴레옹의 러시아 원정 실패

1801년 — 영국, 아일랜드 합병

영국은 아일랜드를 합병하고 그레이트브리튼·아일랜드 연합 왕국을 세웠다.

1802년 — 아미앵 조약

프랑스의 나폴레옹이 아미앵에서 영국과 조약을 맺었다.

더 알아보기
· 1804년
  나폴레옹, 황제 즉위

1805년 — 트라팔가르 해전

프랑스 해군은 넬슨이 이끄는 영국 해군에게 트라팔가르 해전에서 패배했다.

같은 해
· 1805년
  아우스터리츠 전투(삼제회전)

1806년 — 대륙 봉쇄령

나폴레옹은 베를린에서 대륙 봉쇄령을 내려
유럽 대륙의 모든 나라와 영국 간 통상을 금지했다.

같은 해
· 1806년
  라인 동맹 결성
  (신성 로마 제국 소멸)

배경 ❶ 아일랜드 주민은 켈트계 가톨릭이 많았다.
❷ 크롬웰의 아일랜드 진압 이후 잉글랜드의 지배를 받으며 수탈당했다.
경과 ❶ 1800년 영국 의회는 연합법(합동법·통합법)을 제정하고 1801년 피트 총리가 아일랜드 합병을 꾀했다.
❷ 1840년대 아일랜드는 감자 기근에 시달려 인구가 크게 감소했다.

◆ **19세기=이민의 세기**
저임금 노동력이 노예에서 이민자로

인도(대반란·식민지 지배로 이민)
　→ 동남아시아(농장 작업)
　　 말레이 연합주
　→ 아프리카
중국(태평천국·식민지 지배로 이민)
　→ 동남아시아
　→ 미국

경과 ❶ 나폴레옹은 브뤼메르 18일의 쿠데타로 총재 정부를 타도한 후 통령 정부를 수립하고 독재권을 쥐었다.
❷ 1800년 프랑스 은행 설립, 1804년 나폴레옹 법전 제정 등 내치에 힘썼다.
❸ 대외적으로도 1801년 교황과 화해했으며, 1802년 영국과 아미앵 조약을 맺고 대프랑스 동맹을 해체했다.
❹ 1804년 국민 투표로 황제에 즉위했다.

◆ **유럽의 황제 제위**

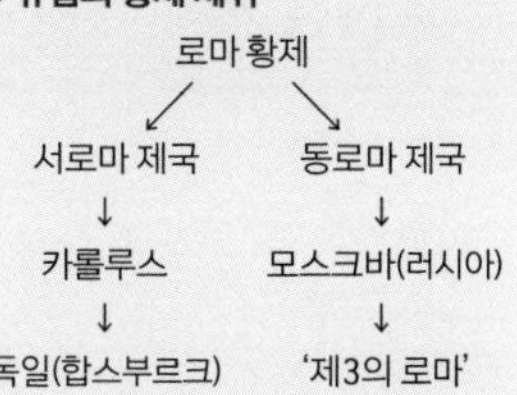

경과 ❶ 1804년 나폴레옹이 황제로 즉위하자 영국의 피트 총리는 1805년 제3차 대프랑스 동맹을 결성했다.
❷ 1805년 나폴레옹 해군은 영국 상륙을 노렸으나 스페인 앞바다인 트라팔가르에서 넬슨 함대에 패배했다.
❸ 같은 해, 아우스터리츠 전투에서 오스트리아와 러시아 연합군을 무찔러 대프랑스 동맹을 해체하고 이탈리아를 지배했다.

◆ **나폴레옹의 내정**
· 친척을 각지에 지배자로 보냄
· 나폴레옹 법전
· 로마 교황과 화해
　(콩코르다트)
· 레지옹 도뇌르 훈장 창설
· 교육 제도 정비
· 프랑스 은행 설립

경과 ❶ 1806년 남서 독일 16개국이 나폴레옹을 맹주로 하는 라인 동맹을 결성했다. 이로써 962년부터 이어진 신성 로마 제국은 소멸했다.
❷ 1806년 영국에 타격을 입히기 위해 대륙 봉쇄령(베를린 칙령)을 선포하고 유럽과 영국의 통상을 전면 금지했다.
영향 프랑스가 유럽 시장을 독점하고 흔드는 것에 많은 나라가 반발했다.

동시대사

1802년
　베트남 응우옌(완) 왕조 성립
1804년
　제1차 세르비아 봉기 발생
1805년
　무함마드 알리, 이집트 총독으로 임명
1808년
　미국, 노예 무역 금지법 발효

세기

BC
1
2
3
4
5
6
7
8
9
10
11
12
13
14
15
16
17
18
19
20
21

1806년 예나-아우어슈테트 전투

나폴레옹은 예나-아우어슈테트 전투에서 프로이센에 대승했다.

더 알아보기
· 1807년
  틸지트 조약 체결 ➡

1812년 나폴레옹의 러시아 원정

나폴레옹은 대륙 봉쇄령을 어긴 러시아로 원정을 떠났으나 실패로 끝났다.

같은 해
· 1812년
  미영 전쟁

1813년 라이프치히 전투

나폴레옹은 러시아 · 프로이센 · 오스트리아 연합군과 벌인
라이프치히 전투(제국민 전쟁)에서 패배했다.

더 알아보기
· 1815년
  워털루 전투 ➡

`경과` ❶ 아우스터리츠 전투(삼제회전)에서 승리한 나폴레옹은 1806년 프로이센을 예나와 아우어슈테트에서 크게 무찌르고, 박차를 가해 원군을 온 러시아군도 격파했다. ❷ 1807년 틸지트 조약을 체결했다.

`내용` ❶ 동부 프로이센에 바르샤바 대공국이 세워졌다. ❷ 서부 프로이센에 베스트팔렌 왕국을 세우고 라인 동맹에 편입했다.

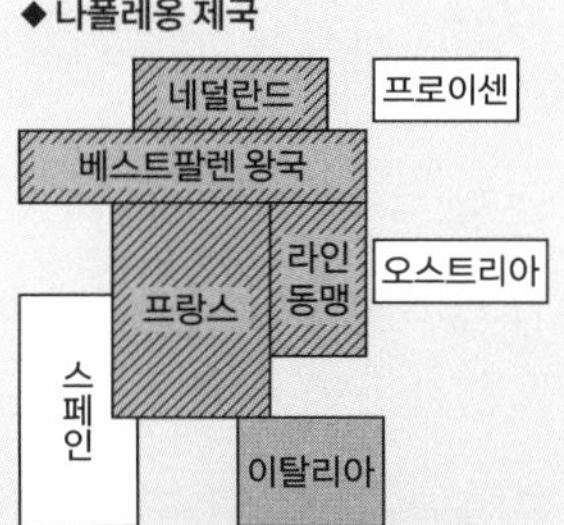

`원인` 러시아는 대륙 봉쇄령으로 곡물 시장을 잃자 영국과 밀무역을 개시했다.

`경과` ❶ 1812년 5월 나폴레옹은 대군을 이끌고 러시아 원정을 떠나 9월 모스크바를 점령했지만, 러시아의 초토화 작전에 고전하다 10월에 철군했다. ❷ 철군 중 게릴라와 쿠투조프 장군의 맹렬한 추격으로 괴멸적 타격을 입고 귀환했다. ❸ 유럽 각국은 해방 전쟁을 시작했다.

◆ 나폴레옹 관련 예술

회화

다비드 〈나폴레옹의 대관식〉
고야 〈1808년 5월 3일〉

음악

베토벤 〈교향곡 제3번 ‘영웅’〉
차이콥스키 〈대서곡 ‘1812년’〉

`경과` ❶ 나폴레옹의 러시아 원정 실패를 계기로 1813년 제6차 대프랑스 동맹이 결성되고 유럽 각국에서 해방 전쟁이 발발했다. ❷ 1813년 라이프치히 전투(제국민 전쟁)에서 러시아·프로이센·오스트리아 동맹군이 승리했다. ❸ 1814년 파리가 함락되고, 나폴레옹은 퇴위 후 엘바섬으로 유배되었다. 프랑스에는 루이 18세가 즉위했다.

◆ 나폴레옹 관련사

1807년　프로이센 개혁(슈타인–하르덴베르크 개혁)
　　　　피히테 《독일 국민에게 고함》
1808년　이베리아반도 전쟁
1812년　러시아 원정
1813년　라이프치히 전투
1815년　엘바섬 탈출
　　　　→ 백일천하
　　　　워털루 전투 패배
　　　　→ 세인트헬레나섬으로 유배

1	《리바이어던》으로 알려진 국가 주권의 절대성을 주장한 철학자는?	**1**	토머스 홉스
2	《통치론》을 저술하고 인민의 저항권을 주장한 철학자는?	**2**	존 로크
3	프리드리히 2세가 포츠담에 건설한 로코코 형식의 궁전은?	**3**	상수시 궁전
4	《파우스트》로 알려진 독일 고전주의 문학의 대성자는?	**4**	요한 볼프강 폰 괴테
5	19세기 전반에 유행한 감정과 민족의 전통을 중시하는 문화 운동은?	**5**	낭만주의
6	그리스 독립 전쟁에 참여한 영국의 시인은?	**6**	조지 고든 바이런
7	《올리버 트위스트》로 알려진 영국의 작가는?	**7**	찰스 디킨스
8	《인간희극》으로 알려진 프랑스의 작가는?	**8**	오노레 드 발자크
9	〈나폴레옹의 대관식〉을 그린 프랑스 고전주의 화가는?	**9**	자크 루이 다비드
10	합리론과 경험론을 통합하고 독일의 관념론 철학을 창시한 사람은?	**10**	임마누엘 칸트
11	'독일 국민에게 고함'으로 알려진 베를린 대학의 초대 총장은?	**11**	요한 고틀리프 피히테
12	《공산당선언》, 《자본론》을 저술하고 사적 유물론을 확립한 사람은?	**12**	카를 마르크스
13	보호무역주의를 주장하고 독일관세동맹의 결성에 힘쓴 사람은?	**13**	프리드리히 리스트
14	교향곡 〈운명〉, 〈제9번〉 등으로 알려진 독일 작곡가는?	**14**	루트비히 판 베토벤
15	태평양을 항해하여 오스트레일리아를 영국 영토라고 선언한 18세기의 영국 탐험가는?	**15**	제임스 쿡
16	《인구론》을 저술했으며 빈곤 불가피를 주장한 영국의 경제학자는?	**16**	토머스 로버트 멜서스
17	비교생산비설을 주장하고 자유무역을 주장한 영국의 경제학자는?	**17**	데이비드 리카도

제8장

19세기 세계

1807년~1899년

1807년   풀턴, 증기선 실용화

미국의 공학자 로버트 풀턴이 증기기관을 배에 적용한
증기선을 개발했다.

1812년   미영 전쟁

나폴레옹 전쟁과 함께 '제2차 독립 전쟁'이라 불리는 미영 전쟁이 발생했다.

한눈에 파악한다!   증기기관의 실용화

1814년   스티븐슨, 증기기관차 제작

1825년   스톡턴–달링턴 철도 구간 주행 성공

1830년   리버풀–맨체스터 철도 영업 운전 개시

1814년 조지 스티븐슨이 제작한 증기기관차는 1825년 스톡턴과 달링턴 구간을
달리는 데 성공했다. 1830년에는 맨체스터와 리버풀을 오가는 영업 운전이
본격적으로 시작되었다.

경과 ❶ 18세기, 뉴커먼이 증기력을 활용한 탄광의 증기 기관을 발명했다.

❷ 1769년, 와트가 피스톤 왕복 운동을 이용한 실용적 증기기관을 발명했다.

❸ 1807년, 미국의 풀턴은 증기기관을 배에 적용했다.

❹ 초기 증기선은 강에서만 사용했지만, 1819년에는 대서양 횡단에도 성공했다.

◆ **19세기 과학계 동향**
·패러데이: 전자기 유도 법칙
·리비히: 유기 화학
·다윈:《종의 기원》
·마이어&헬름홀츠: 에너지 보존 법칙
·멘델: 유전의 법칙
·노벨: 다이너마이트 발명
·뢴트겐: X선 발견
·퀴리 부인: 라듐 발견

경과 ❶ 프랑스 혁명 기간에 미국은 중립을 유지하고 해상 무역으로 이익을 얻었다.

❷ 프랑스가 대륙 봉쇄령을 시행하자 영국은 해상 봉쇄로 대항했다.

❸ 이 과정에서 미국 선박도 영국의 공격을 받자 1812년 미국도 참전했다.

❹ 나폴레옹 전쟁이 끝나자 헨트 조약에 의해 미영 전쟁도 끝났다.

❺ 이를 계기로 미국은 영국으로부터 경제적으로 자립했다.

◆ **독립 후의 미국**
1783년　독립
1789년　워싱턴 대통령,
　　　　프랑스 혁명에 중립
1793년　휘트니가 조면기 발명
　　　　→ 면 생산량 급증
1812년　미영 전쟁
　　　　→ 영국과의 통상 단절, 미국
　　　　의 경제적 자립 시작

배경 18세기 후반에는 도로망과 운하망을 주로 사용 및 정비했으나 운하는 겨울철에 얼면 사용하지 못하는 경우가 있었다. 이에 따라 19세기에는 철도망 정비가 진행되었고 철도 산업은 철강과 석탄 등 관련 산업의 발전에 영향을 끼쳤다.

경과 ❶ 영국의 스티븐슨이 증기기관차 상용화에 성공했다.

❷ 1850년대에는 영국 전 국토에 철도망이 깔리고 독일과 미국에서도 철도 건설이 성행했다.

❸ 서구 열강은 아시아와 아프리카 각지에서 철도를 건설했다. 최대한 넓은 세력권을 확보하기 위해 건설 경쟁이 치열했다.

각국의 철도

미국: 대륙 횡단 철도

러시아: 시베리아 횡단 철도, 동청철도

독일: 바그다드 철도

◆ **교통 혁명**
18세기 후반 이후 각국에서 운하와 도로망 정비
→ 철도와 증기선 발달

1807년　증기선 발명
1819년　최초로 증기선이 대서양
　　　　횡단
1827년　미국에서 철도 건설 개시
1830년　상용 철도 개통(영국 맨체
　　　　스터−리버풀 구간)
1835년　독일에서 철도 개통
1850년대　강철선 등장
1867년　미국, 태평양 횡단 정기
　　　　항로 개설

1813년 — 영국 동인도 회사의 독점권 폐지

1813년 동인도 회사의 인도 무역 독점권이 폐지되었고,
1833년에는 중국 무역 독점권도 폐지되었다.
1858년 영국 동인도 회사는 기능을 상실했으며 1874년 해체했다.

1814년 — 빈 회의

프랑스 혁명과 나폴레옹 전쟁의 전후 처리를 위해
1814년에 빈에서 회의가 열렸다.

1815년 — 4국 동맹

영국·러시아·오스트리아·프로이센이 4국 동맹을 맺었다.

같은 해
· 1815년
신성 동맹 ➡

1820년 — 카르보나리의 봉기

이탈리아의 비밀결사 카르보나리가 나폴리에서 무장봉기했다.

더 알아보기
· 1825년
데카브리스트의 난 ➡

경과 ❶ 1600년, 엘리자베스 1세의 특허 회사로 인도 무역을 독점했다.

❷ 플라시 전투 이후인 1765년 벵골 징수권을 획득했다.

❸ 1813년 인도 무역의 독점권이 폐지되고, 1833년에는 중국 무역의 독점권까지 폐지되면서 상업 활동도 멈췄다.

❹ 세포이 항쟁 이후 1858년 영국은 동인도 회사 대신 인도를 직접 통치했다.

◆ **인도에서의 영국 징세법**

자민다리(자민다르) 제도

(벵골 지방)

영주의 토지 소유권을 인정하고 영주가 농민에게 징수

라이야트와리 제도

(마드라스·뭄바이 지방)

농민의 토지 소유권을 승인하고 직접 징수

경과 1814년 오스트리아의 메테르니히가 주재했고, 프랑스 외교관 탈레랑의 복고·정통주의를 회의의 원칙으로 삼았다.

내용 ❶ 프랑스·스페인·나폴리에서 부르봉 왕조가 부활했다.

❷ 독일은 독일 연방을 결성했고 오스트리아는 롬바르디아와 베네치아를 획득했다.

❸ 영국은 실론섬과 케이프 식민지를, 러시아는 폴란드와 핀란드를 획득했다.

◆ **빈 회의에서 결정된 영토 변경**

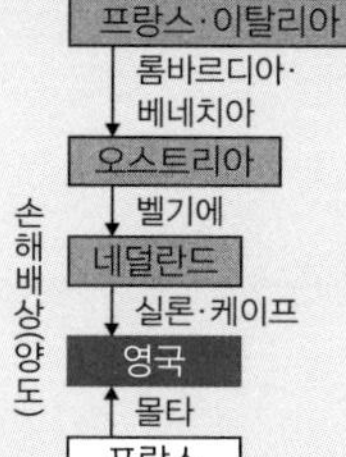

경과 빈 회의 후 1815년 러시아의 알렉산드르 1세의 제창으로 영국과 오스만 제국, 교황을 제외한 주요 국가가 참여한 신성 동맹이 성립되었다.

참고 1815년의 영국·러시아·오스트리아·프로이센의 4국 동맹에 1818년 프랑스가 참여하면서 5국 동맹(~1822)으로 발전했다.

의의 동맹은 메테르니히의 자유주의 탄압에 이용되었다.

◆ **주요 조약 정리**

베스트팔렌 조약(1648년)

유럽의 주권 국가 체제 확립

빈 의정서(1815년)

열강의 세력 균형을 이루는 국제 체제 성립→20세기까지

베르사유 조약(1919년)

민족자결주의의 영향으로 동유럽 국가들의 독립 움직임

경과 ❶ 19세기 초반 남이탈리아에서 비밀결사 카르보나리를 결성했다.

❷ 1814년 이후 북이탈리아까지도 퍼졌으며 입헌 자유주의 운동의 성격이 강해졌다.

❸ 러시아에서 1825년 나폴레옹 전쟁에 나간 청년 장교들이 전제 타파를 외치며 데카브리스트의 난을 일으켰으나 황제 니콜라이 1세에게 진압당했다.

◆ **각국의 자유주의 운동**

1817년 독일

부르셴샤프트

1820년 이탈리아

카르보나리의 봉기

(1821년 피에몬테 봉기)

1820년 스페인

스페인 입헌 혁명(스페인 반란)

1825년 러시아

데카브리스트의 난

BC
1
2
3
4
5
6
7
8
9
10
11
12
13
14
15
16
17
18
19
20
21

1820년   미주리 타협

미국은 새로운 연방주 미주리의 북위 36도 30분을 기준으로 북쪽은 자유주, 남쪽은 노예주의 경계로 설정했다.

더 알아보기
· 1854년
캔자스-네브래스카 법 ➡

1821년   그리스 독립 전쟁

그리스가 오스만 제국에 맞서 독립 전쟁을 벌였고, 러시아·영국·프랑스가 지원했다.

더 알아보기
· 1829년
아드리아노플 조약 ➡

1821년   멕시코 독립

라틴 아메리카에서는 1821년에 멕시코가 독립했다.

더 알아보기
· 1822년
브라질 독립 ➡

1823년   먼로 선언(먼로 독트린)

미국은 먼로 선언을 발표하고 아메리카와 유럽이 서로 간섭하지 말 것을 주장했다.

배경 미국 남부는 목화 플랜테이션이 발달한 곳으로 노예 제도를 유지하고자 했지만, 공업과 자본주의가 발달한 북부는 노예 제도에 반대했다.

경과 ❶ 1820년 남부와 북부는 미주리 타협을 맺었다.
❷ 1854년의 캔자스-네브래스카 법으로 자유주와 노예주를 주민이 선택하도록 하자 남북은 또다시 대립했다.

◆ 미국의 정당

북부	남부
〈1820년대〉	
애덤스파	잭슨파
↓	↓
휘그당	
↓	
공화당	민주당
(노예제 반대)	(노예제 옹호)

배경 라틴 아메리카 국가들이 속속 독립하고, 오스만 제국의 세력이 약해졌다.

경과 ❶ 1821년 독립 전쟁이 벌어지자 오스만 제국은 이집트군을 이용해서 진압하려 했다.
❷ 오스트리아의 메테르니히는 독립에 반대했지만, 러시아·영국·프랑스가 독립을 지원했으며 1829년 아드리아노플 조약으로 오스만 제국이 그리스의 독립을 인정했다. 이후 1830년에 독립이 국제적으로 공인되었다.

◆ 그리스 근대사

1821년
독립 전쟁 개시

1825년
이집트군 참전
(무함마드 알리)

1829년
아드리아노플 조약

1830년
독립 정식 승인

과정 ❶ 나폴레옹으로 인해 스페인 본국이 혼란해지자 1808년 이달고 신부가 무장봉기를 일으켰지만, 곧바로 스페인군에 진압당했다.
❷ 1820년 스페인 본국에서 입헌 혁명이 발생한 이후, 1821년 멕시코가 독립했다.
❸ 프랑스 혁명 시기 포르투갈 왕실은 브라질로 피난을 떠났다가 1821년 본국으로 귀환했다.
❹ 왕자인 돈 페드루는 브라질에 남았으며 1822년 브라질 황제로 즉위하면서 브라질은 제국으로 독립했다.

◆ 라틴 아메리카의 사회 구조

크리오요
(식민지 태생 백인)

메스티소
(백인과 선주민 혼혈)

선주민·흑인

원인 라틴 아메리카의 모든 나라의 독립에 오스트리아의 메테르니히가 간섭했고, 러시아가 알래스카 쪽으로 남하 정책을 폈다.

과정 1823년 미국 대통령 먼로가 의회에서 아메리카와 유럽 간의 상호 불간섭을 주장했다.

의의 먼로 선언은 이후 미국 고립 외교의 원칙이 되었다. 또한 라틴 아메리카 각국에 미국이 침략하는 배경이 되었다.

◆ 19세기 전반의 미국

1812년	미영 전쟁
1820년	미주리 타협
1823년	먼로 선언
1829년	잭슨 대통령 취임
1830년	인디언 이주법
1831년	냇 터너의 난
1846년	미국-멕시코 전쟁
1853년	페리 제독, 일본에 내항

한눈에 파악한다! 영국의 자유주의 개혁

1828년 심사율 폐지
국교회 신자가 아닌 사람이 공직에 취임하는 것을 금지하는 심사율을 폐지했다.

1846년 곡물법 폐지
수입 곡물에 높은 관세를 매기고 지주를 보호하는 곡물법을 폐지했다.

1849년 항해조례 폐지
자유무역을 제한하는 항해법을 폐지했다.

한눈에 파악한다! 영국의 선거법 개정

1832년 제1차 개정
유권자가 매우 적은 부패 선거구를 폐지했다.

1867년 제2차 개정
도시의 노동자에게 선거권(참정권)이 주어졌다.

1884년 제3차 개정
농업·광산 노동자에게 선거권이 주어졌다.

1918년 제4차 개정
21세 이상의 남성과 30세 이상의 여성에게 선거권이 주어졌다.

1928년 제5차 개정
21세 이상의 남녀에게 선거권이 주어졌다.

 ❶ 19세기 영국은 패권 국가로서 경제적으로 유리한 지위와 오랜 전통을 갖춘 의회제를 기반으로 자유주의 개혁을 진행했다.

❷ 1673년 친 가톨릭 성향이었던 찰스 2세에게 대항하기 위해 만든 심사율을 1828년 폐지하고, 1829년 가톨릭 해방령을 제정하여 국교회 신자로 제한되던 공직에 종교와 상관없이 진출할 수 있게 했다.

❸ 1815년, 지주를 보호하기 위해 수입 곡물에 높은 관세를 매기는 곡물법을 제정했다. 그러나 1830년대 이후 산업 자본가들은 이 법에 반대했고, 맨체스터를 중심으로 코브던과 브라이트가 반곡물법 동맹을 주도하면서 결국 1846년에 폐지되었다.

❹ 1651년에 네덜란드를 견제하기 위해 만든 항해조례가 1849년에 폐지되었다. 이것으로 자유 무역을 방해하는 법적 구속은 대부분 사라졌다.

참고   영국은 19세기 초반 자유주의적 개혁을 진행하는 한편, 타국에는 무력을 행사하며 자유 무역을 강요했다. 이 정책을 자유무역 제국주의라고 한다.

경과 ❶ 7월 혁명의 영향을 받아 영국에서는 1832년 제1차로 선거법을 개정했다. 부패 선거 구를 폐지하고, 신흥 도시에 의석을 배분했으며 산업 자본가가 선거권을 획득했다.

❷ 선거권을 부여받지 못한 노동자들은 차티스트 운동을 전개하며 남성 보통 선거, 비밀투표 등을 주장했다.

❸ 1867년 제2차 개정에서는 도시 노동자, 1884년 제3차 개정에서는 농업 및 광산 노동자가 선거권을 얻었다.

❹ 제1차 세계대전은 총력전이었으며 이때 여성의 사회 진출도 이어졌다. 노동자의 협력이 필요했던 자유당의 로이드 조지 내각은 세계대전 중인 1918년에 제4차 개정을 진행했고, 21세 이상의 남성과 30살 이상의 여성에게 선거권을 부여했다. 그 결과 국민의 약 절반이 선거권을 갖게 되었으며 노동당이 약진했다. 1924년에는 처음으로 노동당 내각이 탄생했다.

❺ 1928년 제5차 개정으로 21세 이상의 남녀에게 선거권을 주었다.

❻ 1969년 제6차 개정으로 18세 이상의 남녀에게 선거권을 주었다.

세기

BC
1
2
3
4
5
6
7
8
9
10
11
12
13
14
15
16
17
18
19
20
21

1829년 가톨릭 해방령

아일랜드 정치인 대니얼 오코넬의 노력으로
가톨릭 해방령이 통과되었다.

1830년 7월 혁명

프랑스에서는 7월 혁명으로 샤를 10세가 망명하고
루이필리프의 7월 왕정이 들어섰다.

같은 해
· 프랑스,
　1830년 7월 알제리 정복

1830년 인디언 이주법

미국의 잭슨 대통령은 인디언(아메리카 선주민)을 미시시피 서쪽으로 강제
이주시키는 법을 제정했다.

1834년 독일 관세 동맹

오스트리아를 배제한 채 프로이센을 중심으로
독일 관세 동맹이 발족했고, 독일은 경제적으로
통일되었다.

배경 ❶ 영국은 1830년경 산업 혁명을 완성했고 자유주의화가 진행되고 있었다.

❷ 1801년 아일랜드는 영국에 합병되었으나, 가톨릭 신자는 공직에 취임할 수 없었다.

경과 1828년 심사율 폐지에 이어 1829년 가톨릭 해방령을 선포했다. 가톨릭 신자에게도 피선거권과 공직 취임권을 인정하면서 영국의 종교 차별은 해소되었다.

원인 프랑스 왕 샤를 10세는 왕정주의에 입각한 전제 정치를 펼치려 했다.

경과 ❶ 1830년, 폴리냐크 내각이 알제리로 출병을 결정했다.

❷ 왕은 고압적인 7월 칙령을 선포했으며 소집도 하지 않고 의회를 해산했다.

❸ 7월 혁명이 발발하고 왕이 영국으로 망명하자 오를레앙 가문의 루이필리프가 즉위하여 7월 왕정을 세웠다.

영향 벨기에가 네덜란드로부터 독립했다.

◆ 7월 혁명의 영향

① 영국의 제1차 선거법 개정
② 벨기에 독립
③ 독일 관세 동맹 성립
④ 폴란드에서 반란 발생
⑤ 프랑스 산업 혁명 본격화

경과 ❶ 아메리카 선주민은 미영 전쟁 당시 영국 측에 섰다. 이에 잭슨은 사령관으로서 선주민과 싸웠다.

❷ 서부 출신인 잭슨이 1829년 대통령이 되자, 백인 남성에게 선거권을 부여하는 등 '잭슨 민주주의'를 진행했다.

❸ 잭슨은 선주민을 미시시피 서쪽 부근으로 강제 이주시키는 법을 제정했다.

◆ 아메리카 선주민의 움직임

· 유라시아 대륙에서 이동
· 프렌치 인디언 전쟁에서 프랑스와 동맹을 맺고 영국과 대립
· 영국 왕 조지 3세는 앨러게니산맥 서쪽을 선주민들에게 내줌
· 미국 독립 전쟁에서 영국 측과 동맹을 맺고 식민지군과 대립
· 파리 조약에서 미시시피강 동쪽이 미국 영토로 결정

배경 독일 연방은 35개의 군주국과 4개의 자유시로 이루어진 연방국의 집합체로, 정치적으로 분열되어 있었다.

경과 1833년에 프로이센의 주도로 오스트리아를 제외한 18개 연방이 관세 동맹을 맺고 이듬해 발족했다. 이로 인해 독일 연방은 경제적 통일을 달성했다.

내용 동맹을 맺은 18개 연방 간의 관세를 철폐했고, 대외적으로는 18개 연방이 공통 관세 형태를 취했다.

◆ 이탈리아와 독일

이탈리아	독일
위로부터와 아래로부터의 운동	위로부터의 운동
1830년대 마치니 (공화주의)	1830년대 독일 관세 동맹
사르데냐 중심	프로이센 중심
카보우르가 주도	비스마르크가 주도

1839년 탄지마트 실시

오스만 제국은 위로부터의 근대화 개혁인 탄지마트를 시행했다.

더 알아보기
· 1876년
미드하트 헌법 제정 ➡

1840년 제1차 아편 전쟁

흠차대신인 임칙서의 아편 몰수를 계기로 영국이 청나라와 아편 전쟁을 벌였다.

더 알아보기
· 1842년
난징 조약 ➡

한눈에 파악한다! 민중의 봄날

1848년

① 2월 혁명(파리)
② 3월 혁명(빈, 베를린)

◆ 2월 혁명의 영향

차티스트 운동(영국)

2월 혁명 (프랑스)
→ 3월 혁명(오스트리아, 프로이센)
→ 코슈트 러요시의 헝가리 독립 운동
→ 사르데냐, 오스트리아와 전쟁 개시

마치니의 로마 공화국

경과 ▶ 1839년 압뒬메지트 1세가 서구화·근대화를 추진하면서 탄지마트를 시행했다.

결과 ▶ 개혁이 실패로 끝나자 오스만 제국은 유럽 자본에 종속되기 시작했다.

참고 ▶ 1876년 재상 미드하트 파샤가 양원제 의회와 군대·교육 근대화 내용을 담은 미드하트 헌법을 제정했다. 러시아와 전쟁이 발발하면서 1878년 효력이 정지되었다.

◆ **오스만 제국의 개혁**

오스만 주의

↓ 귈하네 칙령(종교 평등)

범이슬람주의

↓ 제국 내 무슬림을 술탄 하에 단결시킴

튀르크 민족주의

청년 튀르크당의 혁명

배경 ▶ ❶ 18세기 후반 영국의 차, 비단, 도자기 수입이 급증하자 은이 청나라로 대량 유입되었다.

❷ 영국은 무역 적자를 만회하기 위해 인도산 아편을 청나라로 수출했다.

경과 ▶ 1839년 임칙서가 광저우에서 아편을 몰수했고, 1840년 아편 전쟁으로 이어졌다.

결과 ▶ 1842년 청나라는 난징 조약을 맺고, 양쯔강 이남의 5개 항구(광저우·샤먼·푸저우·닝보·상하이)를 개항했으며 홍콩을 영국에 할양하고 공행 제도를 폐지했다.

◆ **열강의 중국 진출**

1842년 난징 조약
        이듬해 관세 자주권 상실
1843년 5항 통상장정
        영국의 치외법권(영사 재판권) 인정
1843년 후먼 조약(호문 추가조약)
        영국 최혜국 대우
1844년 미국과 왕샤 조약
1844년 프랑스와 황푸 조약
1845년 영국, 상하이에 조계 설치

경과 ▶ ❶ 1846년부터 이어진 흉작과 불황으로 유럽 전 지역의 사회가 불안해졌다.

❷ 1848년 파리에서 기조 내각이 개혁 연회를 금지하자 시가전이 발발하고 2월 혁명이 발생했다. 국왕 루이필리프는 망명하고 제2공화정이 들어섰다.

❸ 이 무렵 구성된 임시정부에는 사회주의자도 참여했다. 하지만 4월 총선거에서 사회주의자는 대패하고 봉기도 진압되었다.

❹ 12월 대통령 선거에서 루이 나폴레옹이 당선되었다.

❺ 2월 혁명 소식이 다른 나라에도 전해지자 빈에서도 3월 혁명이 발발하고 메테르니히가 추방당했다.

❻ 보헤미아에서 체코인의 자치가 인정되었으나, 폴란드와 헝가리의 독립 운동은 러시아가 진압했다.

❼ 베를린에서도 3월 혁명이 발생하고 왕은 헌법을 선포했다.

❽ 5월 프랑크푸르트 의회에서 독일 통일을 논의했고 프로이센 중심의 통일 방식인 소독일주의가 힘을 얻지만, 프로이센 왕이 황제 즉위를 거부했다.

❾ 영국에서는 차티스트 운동이 절정에 이르렀다.

❿ 이후 빈 체제는 완전히 붕괴했다.

한눈에 파악한다!

19세기 미국의 영토 확대

미국은 루이지애나와 플로리다를 사들이고 텍사스를 합병하며 영토를 확장했다.

1848년 — 골드 러시

멕시코로부터 얻은 캘리포니아에서 사금이
발견되자 골드 러시가 시작되었다.

같은 해
· 1848년
  마르크스&엥겔스,
  《공산당 선언》 발표 ➡
  이란에서 바브교 반란

1851년 — 해저 케이블 개설

1851년 영국과 프랑스 사이(도버/칼레 해협)에
해저 케이블을 부설했다.

더 알아보기
· 1902년
  전 세계를 잇는 태평양 횡단
  케이블망 완성 ➡

1851년 — 태평천국의 난

비밀결사 종교 단체인 배상제회를 조직한 홍수전이
광시성 금전촌에서 거병하여 태평천국의 난을 일으켰다.

경과 ❶ 독립 달성 후 미국은 서부로 영토를 확장했다.
❷ 1840년대에는 영토가 태평양 해안까지 이르렀고 1890년에는 프런티어(개척) 소멸을 선언했다.
❸ 미국은 '매니페스트 데스티니(명백한 운명)'나 '고 웨스트(Go West)' 같은 표어를 만들 정도로 영토 확장에 적극적이었지만, 그 과정에서 아메리카 선주민(원주민)은 박해받았다.

◆ 미국의 영토 확대

1803년	프랑스로부터 루이지애나 구매
1819년	스페인으로부터 플로리다 구매
1845년	텍사스 병합
1846년	영국과의 합의로 오리건 병합
1848년	멕시코로부터 캘리포니아 획득
1867년	러시아로부터 알래스카 구매
1898년	하와이 병합

배경 멕시코는 1821년 스페인으로부터 독립했지만, 주변국인 미국의 침입을 받았다.
경과 ❶ 1846년 텍사스 분쟁으로 멕시코-미국 전쟁이 발발했다. 1848년 전쟁에서 진 멕시코는 국토의 3분의 1을 상실했다.
❷ 1848년 캘리포니아에서 사금이 발견되자 골드 러시가 일어났다. 텍사스에서도 유전을 발견했다.

◆ 마르크스 사상

헤겔   포이어바흐
변증법 + 유물론
↓
마르크스(유대계)
· 변증법적 유물론
· 계급투쟁의 역사
  (부르주아 대 프롤레타리아)
· 《자본론》, 《공산당 선언》

경과 ❶ 1840년대에 물속에서도 사용할 수 있는 방수 수지(레진)를 발견했다.
❷ 1851년 영국과 프랑스 사이의 해협에 해저 케이블을 부설했고, 1858년에는 대서양 횡단 해저 케이블을 부설했다.
❸ 1895년에 무선 통신을 개발했고 1901년 대서양 횡단 무선 통신에 성공했다.
❹ 1902년 태평양 횡단 케이블을 완성했다.
❺ 1970년대에 광섬유 케이블을 개발했다.

◆ 통신 기술의 발달

고대~중세
봉화, 비둘기, 깃발 등
19세기 이후
모스: 전신기
벨: 전화기
에디슨: 축음기
마르코니: 무선 통신
1990년대 이후
인터넷 보급

원인 아편 전쟁의 비용과 배상금, 계속되는 아편 유입은 중국에서 은이 유출되는 원인이 되었고 이는 농민의 생활을 더욱 가난하게 했다.
경과 ❶ 1851년 객가(하카) 출신인 홍수전이 멸만흥한(만주족을 멸하고 한족을 세운다)을 주장하며 난을 일으켰다.
❷ 1853년 난징을 점령하고 천경(天京)이라고 개칭한 뒤 평등화 개혁 정책인 천조전무제도를 발표했다.
❸ 한족으로 구성된 향용과 고든이 이끄는 외국 용병단인 상승군에게 패배했고, 내분이 벌어지며 1864년에 멸망했다.

◆ 태평천국

태평천국	
· 멸만흥한	· 천조전무제도
· 유교 부정	· 변발과 전족 금지

⇕	‖
(대립)	(호응)
청나라	염군(捻軍)
+	+
향용	화북 농민
상승군	

1852년 — 나폴레옹 3세 즉위

나폴레옹 3세가 국민 투표로 황제가 되어
제2제정을 개시했다.

1853년 — 크림 전쟁

그리스 정교도 보호를 이유로 러시아가 오스만 제국을 상대로 크림 전쟁을
벌였다.

더 알아보기
· 1856년
파리 조약 ➡

1856년 — 제2차 아편 전쟁

애로호 사건과 선교사 살해 사건을 계기로 영국과 프랑스는 청나라와 제2차
아편 전쟁을 시작했다.

더 알아보기
· 1858년 톈진 조약
· 1860년 베이징 조약 ➡

1857년 — 세포이 항쟁(인도 대반란)

영국 동인도 회사의 인도 용병인 세포이들의 봉기가 북인도 전역으로
확대되면서 인도 대반란으로 이어졌다.

더 알아보기
· 1877년
영국령 인도 제국 탄생 ➡

경과 ❶ 1848년 2월 혁명 후 대통령 선거에서 루이 나폴레옹이 당선되었다.

❷ 1851년 쿠데타로 공화파를 몰아내고 1852년 국민 투표로 황제가 되었다. 이후 1870년까지 제2제정이 유지되었다.

❸ 보나파르트주의(체제)를 유지하기 위해 적극적으로 대외 진출을 시도했으나 1870년 벌어진 프로이센–프랑스 전쟁(보불 전쟁)에서 포로로 잡혀 폐위되었다.

◆ 나폴레옹 3세의 치세

대외
- 적극적 외교
- 크림 전쟁, 제2차 아편 전쟁
- 멕시코 출병 실패
- 프로이센–프랑스 전쟁에서 패배

국내
- 영국–프랑스 통상조약
- 파리 개조 사업(오스만 시장 주도)
- 1855년, 1867년 파리 만국박람회 개최

경과 ❶ 성지 관리권 문제가 발생하자 오스만 제국 내의 그리스 정교도 보호를 이유로 러시아가 전쟁을 일으켰다.

❷ 1854년 영국과 프랑스, 1855년 사르데냐가 오스만 제국 측으로 참전했다.

❸ 세바스토폴 요새가 함락되고 러시아는 패배했으며 1856년 파리 조약을 맺었다.

❹ 러시아는 베사라비아 지역을 포기했고 흑해가 중립화되었다.

◆ 보스포루스 해협과 다르다넬스 해협

1829년	아드리아노플 조약(양 해협의 자유 통행)
1833년	운키아르 스켈레시 조약(러시아 군함의 항해 독점)
1841년	런던 해협 조약(양 해협의 외국 군함 통과 금지)

경과 ❶ 1856년 영국은 애로호 사건, 프랑스는 선교사 살해 사건을 계기로 함께 청나라와 제2차 아편 전쟁을 개시했다.

❷ 1858년 톈진 조약을 맺었으나 청나라는 비준을 거부하고 포격하며 다시 전쟁이 벌어졌고, 이에 영국과 프랑스군은 베이징을 점령한 뒤 1860년 베이징 조약을 맺었다.

내용 항구 추가 개항, 외국 공사의 베이징 주재, 아편 무역 공인 등

◆ 난징 조약과 베이징 조약

난징 조약(1842)	베이징 조약(1860)
제1차 아편 전쟁	제2차 아편 전쟁
5개 항 개항 (양쯔강 이남)	11개 항 개항 (톈진 포함)
홍콩 할양	구룽반도 남부 할양
후먼 조약으로 최혜국 대우	기독교 포교의 자유

경과 ❶ 1857년 동인도 회사의 용병인 세포이가 반란을 일으켰다.

❷ 왕후까지 참여하여 델리를 점령하고 무굴 황제의 부활을 선언했다.

❸ 반란이 진압되고 1858년 무굴 제국은 멸망했다. 영국은 동인도 회사를 폐지하고 직접 통치를 개시했다.

❹ 1877년, 영국 여왕 빅토리아가 인도 황제로 즉위하고 인도 제국을 수립했다.

◆ 18세기 후반의 인도

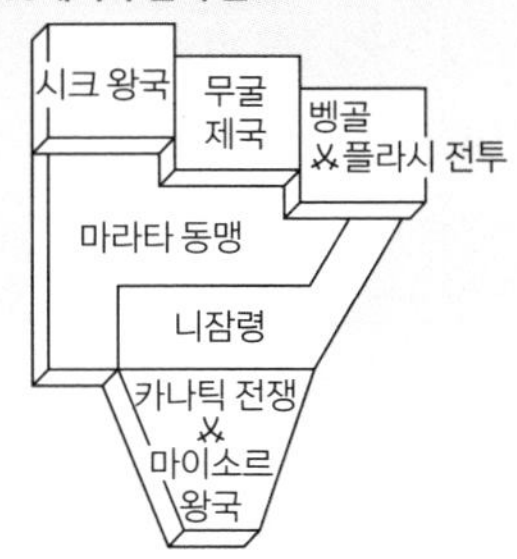

1858년 — 아이훈 조약

러시아는 청나라와 아이훈 조약을 맺고 아무르강 이북 지역을 획득했다.

더 알아보기
· 1881년
 이리 조약 체결

1859년 — 이탈리아 통일 전쟁

사르데냐가 프랑스의 원조로 오스트리아에 대항하고
이탈리아 통일 전쟁을 시작했다.

더 알아보기
· 1860년
 가리발디, 양시칠리아 왕국
 점령 ➡

1861년 — 남북 전쟁

1861년 미국에서 남북 전쟁이 발발했고, 러시아는 농노 해방령을 선포했다.

같은 해
· 1861년
 러시아, 농노 해방령 ➡

1862년 — 홈스테드법 제정

미국 링컨 대통령은 개척지를 무상으로 주는 홈스테드법(자영 농지법)을
제정했다.

더 알아보기
· 1863년
 노예 해방 선언 ➡

경과 러시아의 동시베리아 총독 무라비요프아무르스키는 제2차 아편 전쟁과 태평천국의 난을 기회 삼아 1858년 청나라와 아이훈 조약을 맺었다.

내용 아무르강 이북을 러시아에 할양 및 우수리강 기준 동쪽 지역을 두 나라가 공동 관리한다.

참고 1860년 베이징 조약으로 러시아는 연해주를 획득하고 블라디보스토크를 건설했다.

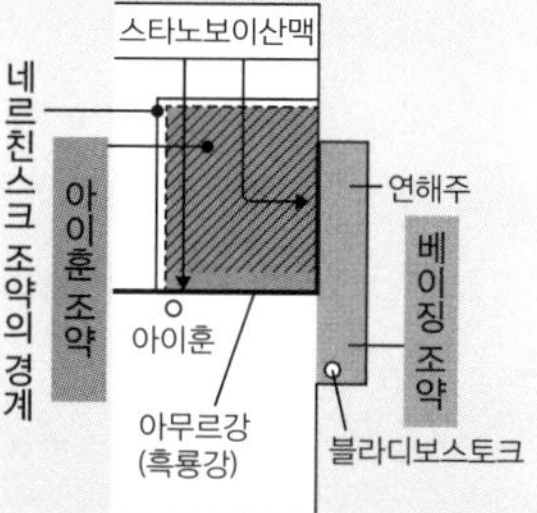

배경 1849년 사르데냐 왕국에 비토리오 에마누엘레 2세가 즉위하고 카보우르를 수상으로 등용했다.

경과 ❶ 1859년 오스트리아와의 이탈리아 통일 전쟁에서 롬바르디아를 획득했다.

❷ 1860년 국민 투표로 중부를 병합하고, 가리발디의 활약으로 시칠리아와 나폴리를 획득했다.

❸ 1861년 토리노를 수도로 이탈리아 왕국을 수립했다.

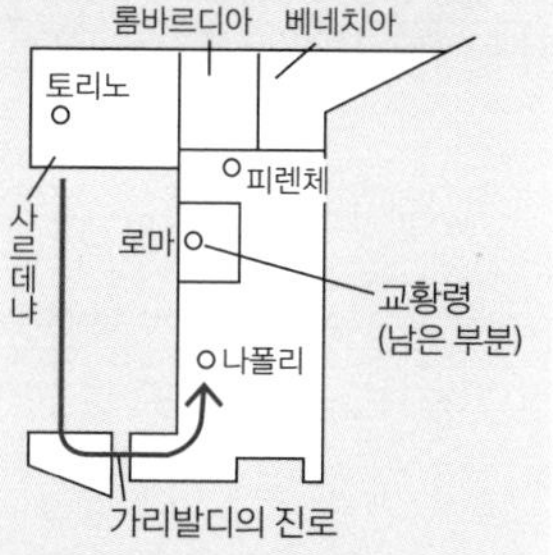

배경 미국에서는 《톰 아저씨의 오두막》이 출간되고 존 브라운이 노예 해방 봉기를 일으키는 등 흑인 차별이 사회 문제로 떠올랐다.

경과 ❶ 1860년 공화당의 링컨이 대통령으로 당선되자 사우스캐롤라이나를 비롯한 남부가 연방을 탈퇴하여 1861년 미국 연합국을 결성했다.

❷ 전사자만 60만 명이 넘는 미국 역사상 최대 규모의 전쟁인 남북 전쟁이 발발했다.

◆ 러시아의 농노 해방령

1856년 크림 전쟁에서 패배

1861년 황제 알렉산드르 2세, 농노 해방령 선포
노예에게 인격적 자유
토지는 유상 분배 형식으로
대부분 미르(농촌 공동체)로 넘어감
↓
러시아 자본주의 성립으로 이어짐

경과 남북 전쟁 초기에는 남군이 우세했지만, 북부는 1862년 홈스테드법으로 서부의 지지를 받고 1863년 노예 해방 선언으로 대내외적 명분도 얻었다.

내용 ❶ 홈스테드법은 새로운 땅에 5년간 정주하면서 개척하면 해당 토지를 무상으로 주는 법으로, 이로 인해 서부 개척이 활발해졌다.

❷ 노예 해방 선언은 남부 노예가 대상이었으며, 1865년 수정 헌법 제13조로 명문화되었다.

◆ 미국의 남북 대립

북부	남부
상공업	농업
보호무역	자유무역
연방주의	주권주의
노예제 반대	노예제 찬성

남북 전쟁
= 미국 역사상 최대의 전쟁
전사자 약 62만 명
(제2차 세계대전 전사자 약 32만 명)

BC
1
2
3
4
5
6
7
8
9
10
11
12
13
14
15
16
17
18
19
20
21

1866년　프로이센-오스트리아 전쟁

덴마크 지방의 두 공국인 슐레스비히·홀스타인 문제를
계기로 프로이센과 오스트리아의 전쟁이 발발했다.

더 알아보기
· 1867년
오스트리아-헝가리 이중
제국 성립 ➡

1867년　파리 만국박람회 개최

유럽 열강은 국력을 과시하기 위해 자국 상품을
전시하는 만국박람회를 개최했다.
1867년 파리에서 제5차 만국박람회가 열렸다.

1867년　캐나다, 자치령으로 편입

영국의 백인 식민지인 캐나다는 자치령이 되었고, 동남아시아의 비백인
식민지인 말레이는 보호령이 되었다.

더 알아보기
· 1895년
말레이 연합주 성립 ➡

1868년　라마 5세 즉위

1868년 라마 5세가 즉위하고 태국은 근대화를 진행했다.

같은 해
· 1868년
일본 메이지 천황 즉위

경과 ❶ 철혈 정책으로 독일 통일을 꾀한 비스마르크는 1866년 프로이센-오스트리아 전쟁을 개시했다.
❷ 참모총장인 몰트케의 작전으로 프로이센은 압승을 거뒀다. 오스트리아는 독일 연방에서 탈퇴하고 이탈리아에 베네치아를 할양했다.
❸ 패배한 오스트리아는 헝가리의 자치권을 인정하는 대타협을 거쳐 오스트리아-헝가리 이중 제국 체제를 수립했다.

◆ **19세기 이후의 오스트리아**
1848년 이후   빈 체제에 따른 왕권 강화
1867년   오스트리아-헝가리 이중 제국 성립
19세기 후반   범게르만주의를 통해 발칸반도로 진출
1908년   보스니아 헤르체고비나 합병
1914년   사라예보 사건

경과 ❶ 영국은 국력을 과시할 목적으로 1851년 런던 만국박람회를 개최했다. 당시 유리가 돋보이는 크리스털 팰리스가 화제를 모았다.
❷ 파리에서 1855년과 1867년 만국박람회가 열렸다.
❸ 1867년 박람회에서는 독일의 대포(크루프 포), 일본의 출품작 등이 주목받았다.

◆ **사회주의 사상**
19세기 초반의 사회주의
(공상적 사회주의)
· 오언: 공장법
· 생시몽: 산업사회 제창
· 푸리에: 팔랑주(협동조합) 제창
과학적 사회주의
· 마르크스·엥겔스
무정부주의
· 프루동: 사유재산 부정

경과 ❶ 1608년 프랑스 왕 앙리 4세 시절 퀘벡 도시를 건설했다.
❷ 1713년 뉴펀들랜드와 허드슨만이 영국령으로 편입되었다.
❸ 1763년 캐나다가 영국령으로 편입되었다.
❹ 1824년 영국-네덜란드 협정으로 영국이 말레이반도를 차지하고 1826년 해협식민지를 형성했다.
❺ 1867년 캐나다가 자치령이 되었다.
❻ 1895년 말레이 연합주가 성립되었다.

◆ **믈라카사**
1511년   포르투갈의 알부케르크가 정복
1641년   네덜란드가 믈라카 점령
1795년   프랑스가 네덜란드 점령 영국이 믈라카 점령
1818년   영국, 네덜란드에 믈라카 반환
1824년   영국-네덜란드 협정으로 영국이 믈라카 획득

경과 ❶ 1782년 태국에서 라따나꼬신 왕조(현재 왕조)가 탄생했다.
❷ 19세기 동남아시아에서는 태국만 독립국 지위를 획득했다.
❸ 1855년 영국과 보링 조약을 맺고 자유 무역을 개시했다.
❹ 1868년 라마 5세(쭐랄롱꼰)가 즉위하고 짜끄리 개혁이라 불리는 근대화 정책을 시행했다.

◆ **19세기 후반의 일본**
1863년   사쓰에이 전쟁(영국-사쓰마 전쟁)
1867년   대정봉환으로 왕정 복고
1868년   메이지 유신
1871년   폐번치현(행정구역 개편)
1873년   지조(토지·조세 제도) 개정
1874년   모란사 사건(대만 침략)
1875년   상트페테르부르크 조약(러시아에 사할린 양도, 일본에 쿠릴 열도 양도)
1889년   메이지 헌법 공포
1890년   제1차 제국의회

1869년 대륙 횡단 철도 개통

미국에서 최초로 대륙 횡단 철도가 개통되어
미국 동부와 태평양 연안을 연결했다.

같은 해

· 1869년
수에즈 운하 개통

1870년 프로이센-프랑스 전쟁

스페인 왕위 계승 문제를 계기로
프로이센-프랑스 전쟁이 발발했다.

한눈에 파악한다! 독일 제국

1815년   독일 연방 창설
1867년   북독일 연방 창설
1871년   독일 제국 탄생

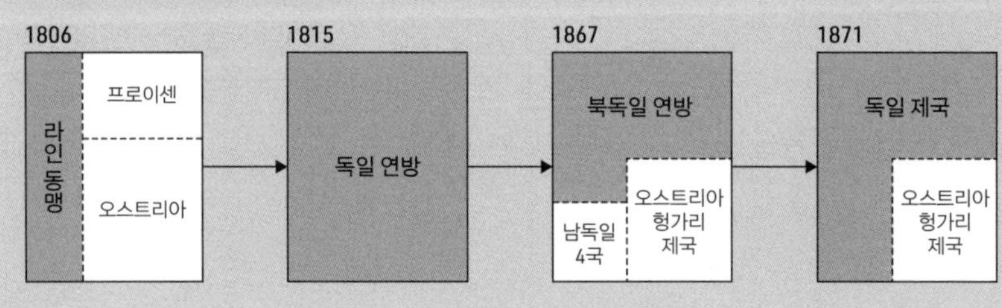

경과 ❶ 1869년 동서로 뻗은 두 개의 철도가 유타주에서 만나 대륙 횡단 철도가 완성되었다.

❷ 그 결과 미시간호의 시카고와 태평양 연안의 샌프란시스코가 연결되면서 미국의 시장 통일과 서부 개척이 진전되었다.

❸ 건설 분야에서는 아일랜드인과 중국인 이민이 활발했다.

◆ **미국의 이민**

구 이민

영국계·독일계, 프로테스탄트(개신교)
감자 기근으로 가톨릭 아일랜드계
이민 급증
1880년대

신 이민

남·동유럽계, 아시아계
저임금 노동자
러시아에서 유대계 이주

경과 ❶ 1868년 스페인 왕위 계승 문제가 발생했다. 이에 비스마르크는 엠스 전보 사건을 계기로 독일과 프랑스의 대립을 부추겼다.

❷ 프랑스가 참전하고 프로이센–프랑스 전쟁이 발발했다.

❸ 남독일 연방도 프로이센에 협력했으며, 스당 전투에서 프랑스 황제 나폴레옹 3세를 포로로 잡고 프로이센이 압승했다.

❹ 프로이센은 점령한 베르사유 궁전에서 황제 즉위식을 거행했다.

◆ **알자스 역사**

870년	동프랑크 왕국
1648년	프랑스
1870년	독일
	→ 프랑스계 주민들이 알제리로 이주
1919년	프랑스
1940년	독일이 점령
1945년	프랑스
	→ ECSC(유럽석탄철강공동체) 수립으로 이어짐

경과 ❶ 1806년 나폴레옹은 프로이센과 오스트리아에 대항하기 위해 남서부 독일 연방으로 구성된 라인 동맹을 결성했다.

❷ 빈 회의에서 라인 동맹이 폐지되고 오스트리아를 맹주로 한 35개국의 군주국과 4개의 자유시로 구성된 독일 연방을 결성했다.

❸ 1834년 프로이센을 중심으로 오스트리아를 배제한 독일 관세 동맹을 발족하고 경제적 통일이 거의 이루어졌다.

❹ 1848년 3월 혁명을 계기로 개최된 프랑크푸르트 국민의회에서 프로이센 왕에게 황제 취임을 요청했으나 왕은 이를 거절했다.

❺ 1861년 빌헬름 1세가 프로이센 왕으로 즉위했고, 1862년 비스마르크가 수상으로 취임했다. 비스마르크는 철혈 정책을 전개하고, 1866년 프로이센–오스트리아 전쟁에서 오스트리아를 격파한 뒤 독일 연방을 해체하고 1867년에 북독일 연방을 결성했다.

❻ 비스마르크가 1870년 프로이센–프랑스 전쟁(보불전쟁)에서 프랑스를 격파했고, 이듬해 빌헬름 1세는 초대 황제로 즉위하며 독일 제국을 수립했다.

❼ 독일 제국은 프로이센 왕이 황제이며, 제국 재상은 황제에게만 책임을 지는 형태로 프로이센을 중심으로 한 국가였다.

1871년 파리 코뮌

프로이센-프랑스 전쟁에서 패배한 프랑스 정부는 프로이센에 항복했다.
하지만 파리 시민은 파리 코뮌을 결성하고 정부에 대항했다.

1875년 운요호 사건

일본 해군이 조선의 강화도 일대를 공격하고
조선과 강화도 조약을 체결했다.

같은 해

· 1875년
수에즈 운하 주식 매수
(영국 디즈레일리 총리)

1877년 러시아-튀르크 전쟁

러시아는 보스니아에서 일어난 반란을 계기로
러시아-튀르크 전쟁을 시작했다.

1878년 산 스테파노 조약

러시아-튀르크 전쟁 결과 산 스테파노 조약을 맺었다.

같은 해

· 1878년
베를린 회의 ➡

경과 ❶ 1870년 발발한 프로이센–프랑스 전쟁으로 황제 나폴레옹 3세가 스당 전투에서 포로로 잡혀 폐위되었다.
❷ 1871년 1월 임시정부는 프로이센에 항복했지만, 파리 시민은 3월 역사상 최초로 노동자와 시민에 의한 자치 정부인 파리 코뮌을 결성했다.
❸ 임시정부의 티에르가 파리 코뮌을 진압했다.

◆ **각국의 사회주의**
독일: 수정주의
　　　베른슈타인(혁명이 아닌 선거를 통한 사회주의화 주장)
영국: 점진적 개혁
　　　웹 부부와 페이비언 협회
프랑스: 생디칼리슴
　　　노동조합의 직접 행동

배경 19세기 대원군 치세의 조선은 청나라와의 조공·책봉 체계 아래에서 쇄국 정책을 고수 중이었다.
경과 ❶ 1875년 일본군은 조선군을 도발하여 운요호 사건을 일으켰다.
❷ 이 사건을 계기로 1876년 강화도 조약을 맺고 조선은 부산, 인천, 원산 3개 항구를 개항했으며 조선과 청나라의 조공·책봉 체계를 단절했다.

◆ **세계의 운하**
수에즈 운하
　지중해와 홍해 연결
　(프랑스의 레셉스가 주도)
파나마 운하
　태평양과 카리브해 연결
　(1914년 개통)
킬 운하
　북해와 발트해 연결

배경 18세기 후반 예카테리나 2세 시기에 러시아는 흑해로 진출했다. 나아가 발칸반도로 남하를 계획했지만, 크림 전쟁에서 패배하면서 일시적으로 좌절되었다.
경과 ❶ 1875년 보스니아에서 오스만 제국에 대항하는 반란이 발생했다.
❷ 1877년 러시아는 발칸반도의 슬라브인 보호를 이유로 전쟁을 선포했다.
❸ 1878년 산 스테파노 조약을 맺었다.

◆ **19세기 러시아의 전쟁**
크림 전쟁(1853년)
　러시아↔오스만 제국
　(+영국·프랑스·사르데냐)
　→파리 조약(1856년)

러시아–튀르크 전쟁(1877년)
　러시아↔오스만 제국
　→산 스테파노 조약
　→베를린 회의(1878년)
　※ 러시아의 남하 정책 실패

경과 ❶ 1878년 산 스테파노 조약으로 루마니아·세르비아·몬테네그로가 독립했고, 불가리아는 영토를 확대하고 자치권을 얻었다.
❷ 이에 반발한 영국과 오스트리아는 비스마르크의 중개로 같은 해 베를린 회의를 개최했다.
❸ 산 스테파노 조약이 파기되고 새로운 조약을 맺었다.

◆ **베를린 회의**
① 루마니아·세르비아·몬테네그로의 독립 승인
② 불가리아는 축소되고 오스만 제국의 자치국으로 편입
③ 오스트리아가 보스니아 헤르체고비나 통치
④ 영국은 키프로스의 행정권 획득

1881년 우라비 반란

영국과 프랑스의 지배에 반발하여 이집트에서 우라비 반란이 발생했다.

같은 해

· 1881년
  프랑스, 튀니지를 보호국화

1882년 삼국 동맹 결성

프랑스의 튀니지 점령을 계기로 이탈리아가 독일과
오스트리아에 접근하여 삼국 동맹을 결성했다.

한눈에 파악한다! 인도의 국민회의 변천

1885년 인도 국민회의

영국은 인도의 유력자들로 구성된 온건한 정치 단체인 인도
국민회의를 창설했다.

1906년 콜카타 대회

콜카타 대회에서 스와데시(국산품 애용)·스와라지(자치 획득) 등을
포함하는 4대 강령을 결의하며 반(反)영국 성향을 강화했다.

1929년 라호르 대회

라호르 대회에서 푸르나 스와라지(완전 독립)를 결의했다.

배경   영국은 1875년 수에즈 운하를 매수하면서 이집트의 내정에 간섭했다.

경과 ▶ ❶ 1881년 우라비가 '이집트인의 이집트'를 주장하며 반영 운동을 전개했다.

❷ 영국은 단독으로 진압하고 1882년 이집트는 영국의 보호국이 되었다.

참고   같은 해, 수단에서도 영국을 규탄하는 마흐디 운동이 일어났다.

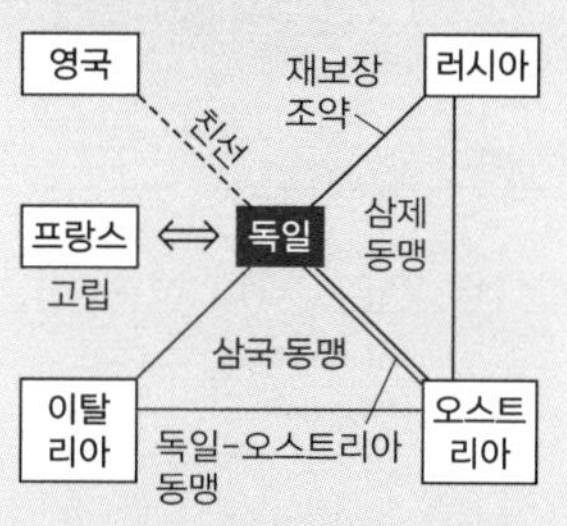

배경 ▶ ❶ 1881년에 프랑스가 튀니지를 보호국화하자 프랑스와 이탈리아가 대립했고, 이탈리아는 독일·오스트리아에 접근했다.

❷ 비스마르크는 독일과 대립하는 프랑스를 고립시키려는 계획을 세웠다.

내용 ▶ 1882년에 독일·오스트리아·이탈리아가 맺은 비밀 군사동맹으로 1915년까지 존속했다.

참고   이탈리아와 오스트리아는 영토 문제로 대립했다.

경과 ▶ ❶ 1857년 세포이 항쟁 이후, 인도에서는 농민 폭동이 잦아지고 민족 자본가도 성장했다.

❷ 1885년 나오로지를 비롯한 인도 유력 인사들이 온건 성향의 인도 국민회의를 결성했으나 점점 반영·독립 성향이 강해졌다.

❸ 1905년 영국은 힌두교도와 이슬람교도의 대립을 이용해 벵골 분할령을 발표했다.(1911년 철회)

❹ 국민회의 내부에서는 틸라크 등 급진파가 대두했고, 1906년에 콜카타 대회에서 영국 화폐 배척·스와데시·스와라지·민족 교육의 4대 강령을 결의했다.

❺ 영국은 반영 운동이 한창인 콜카타에서 델리로 수도를 옮기고 사태를 수습하려 했다.

❻ 제1차 세계대전 당시 영국은 인도에 전쟁 후 자치권 부여를 약속했고, 인도는 전쟁에 협력했다. 그러나 전쟁이 끝난 1919년 롤라트법을 제정하고 반대로 지배를 강화하려 했다.

❼ 1915년 남아프리카에서 귀국한 간디가 비폭력·불복종 운동을 시작했다.(1919~1922년)

❽ 1929년 라호르 대회에서 네루를 중심으로 푸르나 스와라지(완전 독립)를 결의했다.

1884년   베를린 회담

1884년 콩고 문제를 비롯한 아프리카의 식민지 쟁탈·분할 문제를 해결하기 위해 독일의 비스마르크가 베를린 회담을 주최했다.

한눈에 파악한다!   프랑스의 베트남 침략

1862년   **제1차 사이공 조약**
프랑스-베트남 전쟁 결과 사이공 조약을 맺고 베트남은 코친차이나 동부를 할양했다.

1883년   **후에(위에) 조약**
1883년과 1884년에 후에 조약을 맺고 베트남은 프랑스의 보호국이 되었다.

1885년   **청-프랑스 톈진 조약**
청나라는 베트남의 종주권을 포기했다.

1887년   인도차이나 연방 창설

프랑스는 하노이에 총독부를 두고 프랑스령 인도차이나 연방을 창설했다.

더 알아보기

·1899년
라오스, 프랑스령 인도차이나 연방에 편입 ➡

경과 ❶ 19세기 후반, 영국의 선교사 리빙스턴과 미국 탐험가 스탠리가 중앙아프리카 내륙부를 탐험 및 개척했다.

❷ 스탠리를 지원한 벨기에의 왕 레오폴드 2세가 콩고 영유를 선언하자 포르투갈과 영국은 이에 반대했다.

❸ 1884년 베를린 회담이 개최되었고 독일이 중재자 역할을 맡았다. 회담 이후 아프리카는 급속도로 분열했다.

◆ **열강의 아프리카 분할**

영국: 이집트, 수단, 남아프리카, 나이지리아

프랑스: 알제리, 사하라 지역, 지부티, 마다가스카르

포르투갈: 앙골라, 모잠비크

벨기에: 콩고

이탈리아: 소말릴란드

[독립] 라이베리아, 에티오피아

경과 ❶ 응우옌푹아인(완복영)이 프랑스 선교사인 피뇨의 원조를 받아 1802년 후에를 수도로 하는 응우옌 왕조를 세웠다.

❷ 나폴레옹 3세가 프랑스인 선교사 살해를 이유로 1858년에 프랑스-베트남 전쟁을 시작했다. 1862년 제1차 사이공 조약을 통해 강화를 맺고 프랑스는 코친차이나 동부 3성과 사이공을 획득했다.

❸ 1863년 프랑스는 캄보디아를 보호국화한 뒤 베트남 중부·북부에도 진출했다.

❹ 1873년, 중국(태평천국)에서 베트남으로 망명한 유영복이 흑기군을 이끌고 프랑스에 저항했으나 1883년 베트남은 항복했다.

❺ 1883년과 1884년 두 차례의 후에 조약으로 베트남은 프랑스의 보호국이 되었다.

❻ 종주국인 청나라는 이를 인정하지 않았고 1884년에 청-프랑스 전쟁이 발발했다.

❼ 영국이 중재에 들어가고 1885년 청-프랑스 톈진 조약을 맺었다. 청나라는 베트남의 종주권을 포기했다.

❽ 1887년, 코친차이나(베트남 남부)·안남(베트남 중부)·통킹(베트남 북부)과 캄보디아를 합쳐 인도차이나 연방이 탄생했다. 1899년에는 라오스가 추가로 연방에 편입되었다.

경과 ❶ 1885년 청-프랑스 톈진 조약으로 베트남의 보호국이 프랑스임을 청나라가 인정하도록 했다.

❷ 1887년 프랑스는 직할령인 코친차이나와 베트남, 캄보디아를 합쳐 인도차이나 연방을 만들었다.

❸ 1893년 태국으로부터 라오스를 빼앗고 1899년 연방에 편입했다.

◆ **프랑스의 인도차이나 침략**

1888년 · 빌헬름 2세 즉위

독일 황제 빌헬름 2세가 즉위하고 세계 정책이라는
이름으로 새 정책들을 펼쳐나갔다.

1889년 · 범미 회의

미국의 주최로 아메리카 국가들이 참여하는 제1차 범미 회의가 워싱턴에서
열렸다.

같은 해
· 1889년
제2차 인터내셔널 결성 ➡

1890년 · 프런티어 소멸

미국 정부는 1890년에 프런티어(개척 시대)의 소멸을 선언했다.

같은 해
· 1890년
반독점법(반트러스트법) 제정

1894년 · 청일 전쟁

조선의 동학 농민 운동을 계기로 청나라와 일본 양국이 조선에 군대를
보내면서 청일 전쟁이 발발했다.

같은 해
· 1894년
드레퓌스 사건 ➡

 ❶ 1888년 독일 제국의 제3대 황제로 빌헬름 2세가 즉위했다.

❷ 비스마르크를 사임시키고 친정을 개시했다.

❸ 재보장 조약의 갱신을 거부하고 사회주의자 진압법을 폐지했다.

❹ '세계 정책'의 일환으로 해군을 증강하고 적극적인 해외 진출을 계획했다.

❺ 제1차 세계대전에 참전했고, 독일 혁명을 계기로 네덜란드로 망명했다.

◆ 산업 혁명 비교

	제1차	제2차
중심국	영국	미국, 독일
산업	경공업 (면업)	중공업 (기계·화학)
동력원	석탄 증기력	석유 전력

배경 1826년 시몬 볼리바르가 라틴 아메리카의 연대를 주장하며 파나마 회의를 개최했다. 한편, 미국은 전통적인 고립주의에서 벗어나 1890년대부터 카리브해에 진출하는 등 적극적인 해외 진출을 시도했다.

경과 ❶ 1889년 미국의 주최로 제1차 범미 회의가 열렸다.

❷ 1948년 미주기구(OAS)를 창설했다.

◆ 사회주의 기구 인터내셔널의 역사

제1인터내셔널
 1864년 런던

제2인터내셔널
 1889년 파리
 독일 사회민주당(SPD) 중심

제3인터내셔널
 1919년 모스크바
 코민테른이라고도 함
 (러시아 공산당 중심)

배경 서부 개척이 진전되고 1869년 대륙 횡단 철도가 개통했다. 남북 전쟁 결과 북부 주도로 국내 시장이 통일되고 해외에서 대규모 이민이 이어졌다.

경과 ❶ 1890년 프론티어 소멸을 선언하고 적극적으로 해외 진출을 시도했다.

❷ 1890년대에는 공업 생산·농업 생산·석유 생산으로 세계가 하나가 되고 '도금시대'라고 불리는 번영기로 접어든다.

◆ 미국의 대기업

록펠러
 ·석유왕
 ·1870년 석유회사인 스탠더드 오일을 설립하고 번창했으나 반독점법의 영향으로 1911년 여러 회사로 해체

J. P. 모건
 ·금융왕·철강왕
 ·1901년에 철강회사 US스틸 설립

경과 ❶ 1894년 조선에서 전봉준의 주도로 동학 농민 운동이 발발했다.

❷ 이때 청일 양국이 조선에 출병하면서 청일 전쟁으로 번지고 일본이 승리했다.

❸ 1895년, 시모노세키 조약을 맺어 청으로부터 조선의 완전 독립을 승인받고 랴오둥(요동)반도와 대만, 펑후제도를 할양받았다.

참고 1895년, 러시아·독일·프랑스의 삼국간섭으로 랴오둥반도는 청나라에 반환했다.

◆ 유대인 문제

14세기
 흑사병(페스트) 유행
 → 유대인 학살

1881년
 알렉산드르 2세 암살
 → 포그롬(유대인 박해) 격화

1894년
 드레퓌스 사건
 → 유대인의 시오니즘 운동 개시

1896년 — 아두와 전투

이탈리아군은 에티오피아로 진출을 계획했지만
에티오피아군에게 격퇴당했다.

같은 해

· 1896년
러시아, 동청 철도 부설권
획득 ➡

1898년 — 중요 연도!

① 중국 분할 진행

열강은 단기간에 중국 분할을 진행했다.

② 변법자강 운동

캉유웨이(강유위)의 주도로 입헌군주제에 기반한 개혁을 개시했으나 실패했다.

③ 미국-스페인 전쟁

미국이 해외 진출을 계획하면서 스페인과 대립하다가 전쟁을 벌였다.

④ 파쇼다 사건

아프리카 종단 정책을 시행하던 영국과 횡단 정책을 시행하던 프랑스가
파쇼다에서 충돌했다.

1899년 — 보어 전쟁

영국은 보어인의 트란스발 공화국과 오라녀 자유국을 상대로
제2차 보어 전쟁을 개시했다.

같은 해

· 1899년
미국, 문호 개방 정책 발표

경과 ❶ 고대 에티오피아에는 악숨 왕국이 번영했으며 기독교 교리를 수용했다.

❷ 19세기에 메넬리크가 통일 제국을 수립하고 아프리카 식민지화가 진행되는 와중에도 독립을 유지했다.

❸ 이탈리아는 에리트레아에 진출하고, 이어서 에티오피아를 노렸다. 그러나 1896년 아두와 전투에서 이탈리아군이 격퇴당했다.

❹ 1936년 이탈리아의 무솔리니가 에티오피아 병합을 선언했다.

경과 ❶ 청일 전쟁에서 청나라가 패배하자 열강은 앞다투어 중국에 진출했다.

❷ 1898년 독일이 선교사 살해 사건을 이유로 교주만(산둥반도)을 조차하자 러시아는 랴오둥반도 남부, 영국은 웨이하이·주룽반도 북부, 프랑스는 1899년에 광저우만을 조차했다.

❸ 청일 전쟁 이후 캉유웨이를 비롯한 공양학파가 광서제와 함께 입헌군주제를 목표로 변법자강 운동을 개시했다. 하지만 서태후를 중심으로 한 보수파 쿠데타가 성공하면서 개혁에 실패했다.

❹ 1890년 프런티어 소멸 이후 미국은 해외 진출을 시도했다. 매킨리 대통령 시기 쿠바 독립 운동이 한창일 때 미국-스페인 전쟁을 일으켰다.

❺ 전쟁에서 승리한 미국은 필리핀·푸에르토리코·괌을 획득하고 쿠바를 보호국으로 삼았다. 같은 해 하와이를 병합했다.

❻ 루스벨트 대통령은 카리브해 정책을 진행했다.

❼ 아프리카에 진출한 영국은 케이프타운과 카이로를 잇는 아프리카 남북 종단 정책을 폈다.

❽ 프랑스는 튀니지를 보호국으로 삼고 지부티와 마다가스카르를 잇는 아프리카 동서 횡단 정책을 개시했다.

❾ 영국군과 프랑스군이 1898년 파쇼다에서 충돌했으나 프랑스가 교섭을 시도했다.

배경 ❶ 영국은 케이프타운, 카이로, 콜카타를 연결하는 3C 정책에 따라 아프리카 횡단을 개시했다.

❷ 1898년 파쇼다 사건으로 프랑스는 아프리카 횡단 정책을 중단했다.

경과 ❶ 1899년 식민지 장관 조지프 체임벌린은 금과 다이아몬드 생산지인 트란스발 공화국과 오라녜 자유국을 침략했다.

❷ 1902년 영국이 승리하고 양국을 합병했다.

1	《죄와 벌》로 알려진 19세기의 러시아 작가는?	1	표도르 도스토옙스키
2	《전쟁과 평화》로 알려진 19세기 러시아 작가는?	2	레프 톨스토이
3	《인형의 집》으로 알려진 19세기 노르웨이 극작가는?	3	헨리크 입센
4	'민중을 이끄는 자유의 여신'으로 알려진 프랑스의 낭만주의 화가는?	4	외젠 들라크루아
5	19세기 후반의 프랑스에서 시작한 빛과 색채를 중시하는 회화 양식은?	5	인상주의
6	〈니벨룽겐의 반지〉로 알려진 19세기 낭만파 극작가는?	6	리하르트 바그너
7	에튀드 〈혁명〉으로 알려진 폴란드의 낭만파 작곡가는?	7	프레데리크 쇼팽
8	신랄한 역사 비판으로 근대역사학의 기초를 구축한 독일의 학자는?	8	레오폴트 폰 랑케
9	〈나는 고발한다...!〉를 발표하며 군부를 비판한 프랑스 작가는?	9	에밀 졸라
10	《여자의 일생》으로 알려진 프랑스의 자연주의 작가는?	10	기 드 모파상
11	《종의 기원》을 저술하고 진화론을 주장한 영국의 학자는?	11	찰스 다윈
12	세포와 면역을 연구하고 저온살균법을 개발한 프랑스 학자는?	12	루이 파스퇴르
13	전류를 이용한 통신장치를 발명한 미국 사람은?	13	새뮤얼 모스
14	에너지 보존 법칙을 발견하고 확립한 인물 두 명은?	14	마이어와 헬름홀츠
15	X선을 이용하여 인체 내부를 관찰할 수 있도록 한 독일의 과학자는?	15	빌헬름 콘라트 뢴트겐
16	'신은 죽었다'라고 말한 독일의 철학자는?	16	프리드리히 니체
17	19세기 중반에 등장한 다양한 상품을 진열 판매하는 점포는?	17	백화점

20세기 세계

1900년~1945년

1900년 의화단 운동

청나라의 서태후는 의화단을 지원하며 열강에 선전포고했으나,
결국 8개 나라의 공동 출병을 초래했다.

더 알아보기
· 1901년
베이징 의정서

1901년 오스트레일리아, 영국의 자치령이 되다

1901년 오스트레일리아 연방이 탄생했고
영국의 자치령이 되었다.

더 알아보기
· 1907년 뉴질랜드 자치령
출범
· 1910년 남아프리카 연방,
영국 자치령으로

한눈에 파악한다! 삼국 협상 성립

1891년 러시아-프랑스 동맹의 교섭 합의
독일이 재보장 조약의 갱신을 거부하자, 러시아는 1891년에 프랑스와
정치 협정을 맺는 데 합의했다.

1904년 영불 협상
영국은 독일을 견제하기 위해 1904년에 프랑스와 영불 협상을 맺었다.
영국의 이집트, 프랑스의 모로코에 대한 우선권을 인정했다.

1907년 영러 협상
1907년에 이란(페르시아)에서 양국의 세력 범위를 설정하고,
아프가니스탄을 영국의 세력권으로 인정했다.

경과 ❶ 열강의 진출로 민중은 삶이 빈곤해지고 반기독교 운동인 구교 운동도 발생했다. 1899년 산둥에서 '부청멸양(청을 도와 서양을 멸함)'을 주장하며 의화단이 봉기했다.

❷ 1900년 청나라는 의화단을 지원하고 열강에 선전포고했지만, 일본과 러시아를 중심으로 한 8개국 연합군에게 진압당했다.

❸ 1901년 베이징 의정서에서 청나라는 거액의 배상금과 외국군의 베이징 주둔을 승인했다.

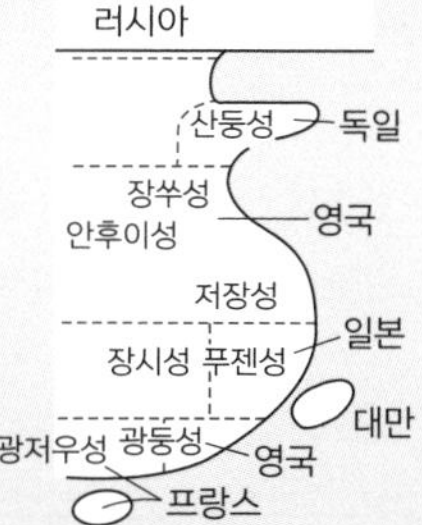

◆19세기 열강의 중국 세력도

배경 오스트레일리아 대륙(원주민 어보리진)은 18세기 쿡의 탐험 이후 영국령이 되어 주로 유배지로 이용되었다. 19세기에는 목양업이 발전했고 이후 금광이 발견되면서 이민이 급증했다.

경과 1901년 오스트레일리아 연방을 결성했고 영국의 자치령으로 편입되었다.

참고 1867년 캐나다 연방이 최초의 영국 자치령이 되었다.

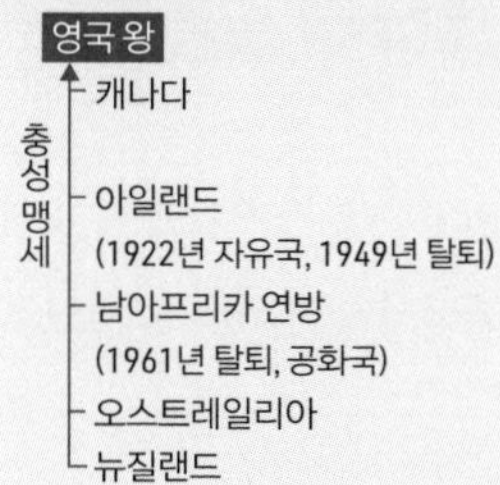

◆영국 자치령

경과 ❶ 비스마르크는 1882년 독일·오스트리아·이탈리아 삼국 동맹을 맺고, 1887년 독일·러시아 재보장 조약을 맺으며 프랑스를 고립시켰다.

❷ 1888년 독일에서 빌헬름 2세가 즉위했다. 그는 1890년 재보장 조약 갱신을 거부하고 비스마르크를 공직에서 물러나게 했다.

❸ 1890년대 독일은 영국을 공업 생산 부분에서 추월했고, 빌헬름 2세는 베를린·비잔티움(이스탄불)·바그다드를 철도로 연결하는 3B 정책을 시행했다.

❹ 영국은 고립 외교를 버리고 독일을 견제하는 외교 정책으로 변화했다.

❺ 재보장 조약 갱신에 실패한 러시아는 프랑스에 접근했고, 1891년 양국은 정치 협정 교섭에 합의하고 1894년에 정식으로 조인했다. 이에 프랑스 자본으로 시베리아 철도 건설을 시작했다.

❻ 아프리카 횡단 정책을 내세운 프랑스와 종단 정책을 내세운 영국이 1898년 파쇼다에서 대립하자 영국과 프랑스는 1904년 영불 협상을 맺었다. 영국은 이집트, 프랑스는 모로코에서 각자의 우선권을 인정했다.

❼ 러시아의 동아시아 진출에 대항할 목적으로 1902년 영일 동맹을 맺었다. 이후 1904년 러일 전쟁에서 패배한 러시아는 동아시아에서 세력을 크게 잃었다. 1907년에 영국과 러시아는 영러 협상을 맺었으며, 이란과 아프가니스탄에서 각자의 세력 범위를 설정했다.

❽ 이러한 과정을 거쳐 영국·프랑스·러시아의 삼국 협상이 성립되어 독일을 견제했다.

1902년 · 영일 동맹

러시아와 대립의 골이 깊어진 영국은 '영광스러운 고립' 원칙을 버리고 영일 동맹을 맺었다.

1903년 · 파나마 운하 지대 조차

미국은 콜롬비아에서 파나마를 독립시키고 그 땅에 대서양과 태평양을 연결하는 운하를 만들었다.

더 알아보기
· 1914년
  파나마운하 개통

1904년 · 러일 전쟁

중국 동북부와 조선 지배를 둘러싼 대립으로 러일 전쟁이 벌어졌다.

더 알아보기
· 1905년
  포츠머스 조약 ➡

1910년 · 을사조약에서 경술국치까지

일본은 을사조약을 포함해 3차에 이르는 한일 협약을 거쳐 한국을 합병했다.

배경 영국은 중국·중앙아시아에서 러시아와 대립하고 있었고, 일본도 의화단 운동 이후 러시아와 대립 중이었다.

내용 1902년, 러시아를 가상 적국으로 설정한 군사 동맹인 영일 동맹을 맺었다.

참고 ❶ 이 동맹으로 영국의 '영광스러운 고립'은 끝났다. ❷ 영일 동맹은 1921년 워싱턴 회의의 4개 조약으로 파기되었다.

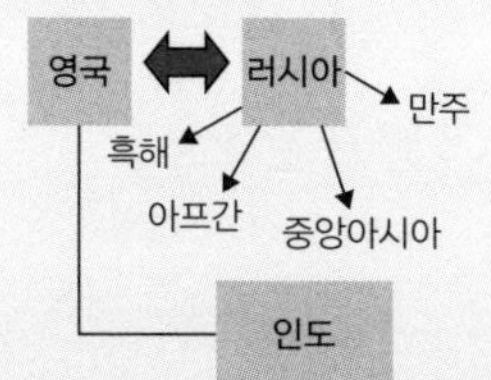

경과 ❶ 19세기에 파나마 지협을 횡단하는 운하를 건설하여 대서양과 태평양을 연결하려는 계획을 세웠다. ❷ 수에즈 운하 개통을 주도한 프랑스의 레셉스가 도전했지만 실패했다. ❸ 미국이 계획을 이어받아 진행했으나 건설지를 지배하던 콜롬비아가 승인하지 않았다. 이에 미국은 운하 지대를 파나마 공화국으로 독립시켰다. ❹ 1903년 운하 지대의 지배권을 획득한 미국은 1914년 운하를 개통했다.

◆ **카리브해 국가**

쿠바
· 미국–스페인 전쟁에서 독립
· 헌법에 미국의 개입을 인정하는 플랫 조항 삽입

파나마
· 미국의 원조로 콜롬비아에서 독립
· 1999년 미국이 파나마에 운하 반환

경과 ❶ 일본과 러시아의 대립은 삼국 간섭과 러시아의 조선 진출로 격화되었으며 1904년 결국 전쟁이 일어났다. ❷ 미국과 영국은 일본을, 독일과 프랑스는 러시아를 지원했다. 봉천 전투와 동해 해전에서 일본이 이겼으나 손실도 컸다. 한편 러시아에서는 혁명이 발발했다.

결과 1905년 미국 대통령 루스벨트의 중개로 포츠머스 조약을 체결했다. 그 결과 일본은 남사할린을 획득하고 한반도에 대한 일본 권리 승인 및 러시아가 갖고 있던 중국에서의 권익을 양도받았다.

◆ **러일 전쟁의 의의**

아시아 민족 운동의 계기
인도: 콜카타 대회에서 4대 강령 발표
베트남: 동유 운동
이란: 입헌 혁명

국제 대립의 양상
→ 영국–러시아에서 영국–독일로
1907년 7월 러일 비밀 협정
1907년 8월 영러 협상

경과 ❶ 러일 전쟁 발발 후, 1904년 한국과 일본은 제1차 협약을 맺고 일본인 고문을 채용했다. ❷ 1905년 제2차 협약인 을사조약에서 한국의 외교권을 빼앗고 통감부를 설치했다. ❸ 헤이그 특사 사건 이후, 1907년 제3차 협약(정미7조약)을 맺고 내정권을 빼앗아 대한제국 군대를 해산시켰다. ❹ 한국의 무장 투쟁이 격화했고 안중근이 이토 히로부미를 암살했다. 그러나 일본은 1910년 한국을 병합하고 무단 통치를 시행했다.

◆ **19~20세기 한국사**
1876년　한일 수호 조약
1882년　임오군란
1884년　갑신정변
1894년　동학 농민 운동
　　　　　→ 청일 전쟁으로
1897년　대한제국으로 개칭
1905년　을사조약
1910년　한일 합병(경술국치)
　　　　　무단 통치

1905년 중요 연도!

① 벵골 분할령

반영 운동이 한창이던 벵골주를 힌두교도와 이슬람교도가 사는 지역으로 나눈 법. 반영 투쟁을 격화시키는 계기가 되었다.

② 이란 입헌 혁명

러일 전쟁의 결과를 계기로 상공업자와 울라마를 중심으로 하는 대중 입헌 운동이 발생했고, 1906년 의회를 창설했다.

③ 피의 일요일

러시아의 수도 상트페테르부르크에서 다수의 노동자가 군대에 일방적으로 사살당했다. 이 사건은 제1차 러시아 혁명의 발단이 되었다.

④ 과거제 폐지

청나라는 의화단 운동 이후 근대화를 도입하면서 과거제 폐지를 비롯한 교육 개혁을 진행했다.

⑤ 제1차 모로코 위기(탕헤르 위기)

독일의 황제 빌헬름 2세는 모로코의 탕헤르에 상륙하여 모로코가 프랑스의 보호국이 되는 것을 반대하고 모로코의 주권을 지지했다.

⑥ 중국동맹회 결성

쑨원(손문)은 모든 혁명 단체를 결집하고 도쿄에서 중국동맹회를 결성했다. '민족·민권·민생'의 삼민주의를 강령으로 삼았다.

① 벵골 분할령

인도 총독 커즌이 벵골주를 힌두교도와 이슬람교도 지역으로 나누고 두 곳의 분단을 계획했으나, 반대 운동이 격화하자 1911년 철회했다. 커즌은 제1차 세계대전 이후 소련–폴란드 국경이 된 커즌 라인으로도 알려졌다.

② 이란 입헌 혁명

이란 샤한샤가 담배 전매권을 영국에 양도하자 1891년 울라마와 상인들이 담배 보이콧 운동을 일으켰다. 이에 이란 민족주의가 고양되고 유럽 국가와 아시아 국가가 맞붙은 러일 전쟁에서 아시아 국가인 일본의 승리도 계기가 되어 1905년 12월 전국에서 상공업자와 울라마를 중심으로 입헌 운동이 발생했다. 이듬해 창설된 의회는 1911년 러시아의 군사 개입으로 폐쇄되었다.

③ 피의 일요일

1905년 1월 22일(일요일) 성직자인 게오르기 가폰의 주도로 노동자들이 니콜라이 2세에게 생활의 어려움과 노동 처우 개선을 요구하며 동궁을 향해 행진했다. 그 과정에서 군대가 노동자들을 향해 발포함으로써 수많은 사상자가 발생했다. 이 사건을 계기로 제1차 러시아 혁명이 발생했다. 황제 니콜라이 2세는 10월 선언을 통해 이를 잠재우려 했다.

④ 과거제 폐지

의화단 운동 이후 청나라 왕조 내에서 '청말신정'이라고 불리는 개혁의 바람이 불었다. 관제 및 학제를 개혁하고, 유학생을 파견하고 서양식 군대를 편성했다. 더불어 과거제를 폐지하고 일본의 메이지 헌법을 기초로 한 헌법대강도 공포했다. 하지만 이러한 개혁에는 증세가 필요했기 때문에 민중의 불만은 더욱 커졌다.

⑤ 제1차 모로코 위기

독일 황제 빌헬름 2세가 프랑스의 모로코 보호국화에 반대하며 탕헤르에 상륙했다. 이에 1906년 알헤시라스 회담이 열렸으나, 독일의 기대와 달리 영국은 프랑스를 계속 지지했고 독일은 한 발 물러섰다. 이후 1911년에 독일군이 아가디르에 상륙하면서 제2차 모로코 위기가 발발했다.

⑥ 중국동맹회

화교를 중심으로 '청 왕조 타도'를 외치는 혁명 운동이 고조되었고, 흥중회의 쑨원은 다른 혁명 단체들을 도쿄로 소집하여 중국동맹회를 결성했다. 이들은 '민족·민권·민생'이라는 삼민주의를 내걸고 기관지《민보(民報)》를 발행했으며 무장 봉기를 시도했다.

1906년 — 전인도 무슬림 동맹 결성

벵골 분할령에 맞서 무슬림들은 전인도
무슬림 동맹을 결성했다.

같은 해
· 1906년
영국, 노동당 탄생
러시아, 의회 기구인 두마 개설

1908년 — 청년 튀르크당 혁명

청년 튀르크당은 미드하트 헌법을 부활시키고
오스만 제국 정권을 장악했다.

같은 해
· 1908년
오스트리아, 보스니아
헤르체고비나 합병 ➡

1910년 — 멕시코 혁명

멕시코에서 디아스 정권의 독재에 대항하여 혁명이 발생했다.

더 알아보기
· 1917년
카란사 대통령 취임 ➡

1911년 — 신해혁명

쓰촨폭동(사천봉기)이 발생하자 우창(무창)에서
군이 봉기하고 신해혁명이 일어났다.

같은 해
· 1911년
인도네시아에서 사레카트
이슬람(이슬람 동맹) 결성

경과 ❶ 1905년 벵골 분할령에 맞서 무슬림은 협력을 호소하며 1906년 전인도 무슬림 동맹을 결성했다.

❷ 제1차 세계대전에서 영국과 오스만 제국이 전쟁을 벌였고, 힌두교도와 무슬림 간 공동 투쟁 체제가 성립했다. 세계대전 후 칼리프제 폐지에 반대하는 킬라파트 운동을 간디가 지원하면서 양교도 간 협력 체제가 성립했다.

❸ 1916년 무함마드 진나가 회장으로 취임했다.

◆ **20세기 초의 러시아**

1903년　러시아 사회민주노동당

　↓ 분열

│볼셰비키
│멘셰비키

1904년　러일 전쟁
1905년　피의 일요일
　　　　10월 선언
1906년　스톨리핀 내각
1914년　제1차 세계대전

배경 ❶ 1876년에 제정된 미드하트 헌법은 이듬해 러시아-튀르크 전쟁으로 정지되었다.

❷ 1889년 무렵 헌법 부활을 외치며 청년 튀르크당을 결성했다.

내용 1908년 그리스의 테살로니키(살로니카)에서 궐기하고 무혈 혁명으로 헌법을 부활시켰지만, 혁명은 미완성으로 끝났다.

영향 혼란을 틈타 불가리아가 독립하고, 오스만 제국은 영국·프랑스와 대립하는 한편 독일에 접근했다.

◆ **19세기 후반 이후의 남슬라브**

1875년　보스니아 헤르체고비나(BIH)에서 오스만 제국에 반란
　　　　→러시아-튀르크 전쟁
1878년　세르비아 독립, 보스니아 헤르체고비나는 오스트리아의 지배를 받음
1908년　오스트리아가 보스니아 헤르체고비나 합병

제1차 세계대전 이후 남슬라브족의 연합왕국 성립
→1929년 유고슬라비아로 개칭

경과 ❶ 나폴레옹 3세의 개입 실패 후 1877년 디아스가 쿠데타를 일으켜 대통령으로 취임하고 독재 정권으로 장기 집권했다.

❷ 1910년 마데로가 봉기를 일으켜 1911년 디아스 정권을 타도했다.(멕시코 혁명)

❸ 이후 토지개혁을 요구하는 사파타가 농민을 이끌고 반란을 일으켰다.

❹ 1913년 쿠데타로 마데로가 살해당하고 내전을 겪은 끝에 카란사가 1917년 대통령으로 취임했다.

◆ **멕시코 관련사**

1917년 헌법

· 토지 소유권은 국가에 귀속
· 교회의 권리 제한
· 노동자의 권리 보호

멕시코 벽화 운동(1920년대)

· 리베라와 시케이로스 등이 주도
· 디아스 시대에 시행된 서구화 정책을 비판하고 원주민 문화와 혁명 지지

배경 20세기 초반 청나라가 시행한 개혁은 증세를 초래했기 때문에 민중들이 반발했다. 이에 혁명 결사가 연이어 생겨났다.

경과 ❶ 청나라가 자본을 외국에서 빌리기 위해 민간 철도의 국유화를 선언하자 쓰촨(사천)에서 폭동이 발생했다.

❷ 리위안훙(여원홍)을 사령관으로 하는 무창군이 10월에 봉기했다. 이를 계기로 13개 성이 독립을 선언하고 신해혁명이 발발했다.

◆ **신해혁명 관련사**

1911년　쓰촨폭동·무창봉기
1912년　중화민국 성립
　　　　· 쑨원이 귀국하고 난징에서 건국
　　　　· 아시아 최초의 공화국
　　　　· 북양군벌인 위안스카이(원세개)가 공화정 유지를 조건으로 임시 대총통 취임
1913년　위안스카이가 정식 대총통으로 취임

1912년 발칸 동맹 결성

1912년 발칸반도에 위치한 나라들이 동맹을
결성하고 오스만 제국에 전쟁을 선포했다.

같은 해

· 1912년
이탈리아, 리비아의 트리폴리·
키레나이카 식민지화 ➡

1914년 제1차 세계대전

사라예보 사건을 계기로 오스트리아가 세르비아에
선전포고하면서 제1차 세계대전이 발발했다.

한눈에 파악한다! 팔레스타인과 영국의 외교

1915년 후세인-맥마흔 협정(맥마흔 선언)
영국은 팔레스타인에 아랍인 국가가 들어서는 것을 인정했다.

1916년 사이크스-피코 협정
영국·프랑스·러시아가 맺은 비밀 협정으로, 팔레스타인을 영국과
프랑스가 분할하고 일부는 국제적으로 관리한다는 내용이었다.

1917년 밸푸어 선언
영국의 외무장관인 밸푸어가 팔레스타인에 유대인의 민족적
고향(national home)이 들어서는 것을 인정했다.

 ❶ 1912년, 세르비아·몬테네그로·불가리아·그리스는 오스트리아의 진출과 오스만 제국의 지배에 맞서기 위해 러시아의 지원으로 비밀 동맹을 맺었다.

❷ 1912년 동맹은 오스만 제국에 선전포고하고 승리했다. 하지만 1913년 다른 동맹국과 오스만 제국이 가장 광대한 토지를 점령한 불가리아에 다시 선전포고했다.

❸ 패배한 불가리아는 독일에 접근했다.

◆ 이탈리아의 대외 진출

1890년	에리트레아를 식민지화하며 '아프리카의 뿔' 지역 획득
1896년	아두와 전투에서 에티오피아에 패배
1911년	오스만 제국과 전쟁(이탈리아–튀르크 전쟁)
1912년	트리폴리·키레나이카 획득 → 리비아로 개칭
1924년	피우메(현재 크로아티아 리예카) 합병
1936년	에티오피아 정복

 독일의 3B 정책과 범게르만주의가 영국의 3C 정책, 러시아의 범슬라브주의와 충돌하고 삼국 동맹과 삼국 협상이 서로 대립했다.

 1914년 6월에 사라예보 사건을 계기로 오스트리아가 세르비아에 선전포고하면서 제1차 세계대전이 발발했다. 러시아는 오스트리아에, 독일은 러시아에 선전포고했으며, 영국도 독일이 중립국인 벨기에를 침범하자 독일에 선전포고하면서 전선이 확대되었다.

◆ 제1차 세계대전의 서부 전선

1914. 7	개전
8	독일이 벨기에 침입
9	제1차 마른 전투 → 독일 진군 중단
1915. 4	제2차 이프르 전투 (독일이 독가스 사용)
1916. 2	베르됭 전투
7	솜 전투 → 영국과 프랑스군의 반격 시도

 ❶ 1915년 아랍의 지도자인 후세인과 영국의 판무관(외교관)인 맥마흔이 주고받은 서한을 통해 팔레스타인 내에 아랍인 국가 건설을 인정받았다. 이는 적국인 오스만 제국의 교란을 노린 것이었다. 후세인은 1916년에 봉기하여 헤자즈 왕국을 건국했다.

❷ 1916년 영국의 사이크스와 프랑스의 피코가 비밀 협정을 맺고, 영국·프랑스·러시아 세 나라가 전후의 오스만 제국 분할을 계획했다. 이때 팔레스타인 지역은 국제적 관리하에 두기로 했다. 하지만 이 비밀 협정을 러시아 혁명으로 탄생한 소비에트 정권이 폭로했고 아랍은 맹렬히 반발했다.

❸ 1917년, 영국의 외무장관인 밸푸어가 시오니스트 지도자인 로스차일드에게 서한으로 팔레스타인 내에 유대인의 '민족적 고향' 건설을 지지한다고 표명함으로써 재무 지원을 노렸다.

❹ 제1차 세계대전 후인 1920년, 팔레스타인은 영국의 위임 통치령이 되었다.

 이때 영국이 펼친 이중적인 외교의 결과는 현재까지 이어져 팔레스타인 문제(아랍인과 유대인)의 원흉이 되었다.

세기

1915년 · 21개조 요구

일본은 중화민국 위안스카이 정부에 독일이 갖고 있던
산둥 지방의 이권 양도를 비롯한 21개조 승인을 요구했다.

1917년 · 러시아 혁명

페트로그라드에서의 2월 혁명에 이어 레닌의 주도로 10월 혁명이 발발했다.

같은 해
· 1917년 4월
미국, 제1차 세계대전 참전 ➡

1918년 · 윌슨의 14개조 발표

1918년 1월, 미국의 대통령 윌슨은 세계대전을
끝내기 위해 14개조 평화 원칙을 발표했다.

같은 해
· 1918년 3월
브레스트-리토프스크 조약
(독일과 러시아의 강화 조약)

1918년 · 독일 11월 혁명

해군 지도부에 대한 수병의 반란을 계기로 독일 혁명이 발생하고
황제가 망명했다.

더 알아보기
· 1919년
바이마르 헌법 제정 ➡

배경　제1차 세계대전이 발발하자 1914년 일본은 영일 동맹을 근거로 독일에 선전포고했다. 이후 독일 식민지인 산둥과 남태평양제도를 점령했다.

내용　❶ 1915년 1월, 일본은 중국에 21개조를 요구하고 5월 9일에 승인받았다.

❷ 내용은 산둥에서의 독일 권리 양도, 관동주 및 남만주 철도의 권익 기한 99년 연장, 일본인 군사 고문의 채용(이후 철회) 등

◆ 20세기 초반의 일본

1904년　러일 전쟁
1906년　남만주 철도회사 설립
1910년　한국 합병
1911년　관세 자주권 회복
1912년　다이쇼 천황 즉위
1914년　영일 동맹을 구실로 세계대전 참전
　　　　→독일령인 칭다오 공격
1915년　21개조 요구
1918년　시베리아 출병

경과　❶ 1917년 페트로그라드에서 노동자가 봉기하고 2월 혁명이 발발했다. 노동자와 병사들은 소비에트를 결성했다.

❷ 니콜라이 2세가 퇴위하고, 임시정부가 수립되면서 임시정부와 소비에트의 이중 권력 체제가 이루어졌다.

❸ 1917년 4월, 레닌이 귀국하여 4월 테제를 발표하고 케렌스키와 대립했다.

❹ 1917년 11월에 레닌이 10월 혁명을 성공적으로 완수하면서 첫 사회주의 국가가 탄생했다.

◆ 20세기 초반의 미국

1913년　윌슨 대통령 취임
1914년　세계대전에 중립 선언
　　　　파나마 운하 개통
1915년　루시타니아호 침몰 사건 발생
1917년　독일에 선전포고
1918년　윌슨, 14개조 평화 원칙 발표
　　　　↓
미국, 채무국에서 채권국으로

배경　❶ 독일의 영국 해상봉쇄 정책인 무제한 잠수함 작전에 지속적으로 피해를 보던 미국은 1917년 4월 전쟁에 참전했다.

❷ 1917년, 11월 레닌이 무병합·무배상·민족자결을 내용으로 하는 〈평화에 대한 포고〉를 발표했다.

경과　1918년 1월, 윌슨이 14개조 평화 원칙을 발표했다.

내용　민족 자결권, 국제 평화 기관 설립, 해양의 자유, 비밀외교 폐지 등

◆ 제1차 세계대전 종결

1917.3　러시아 혁명
　　　4　미국, 대독일 선전포고
1918.3　브레스트–리토프스크 조약
　　　9　불가리아 항복
　　　10　오스만 제국 항복
　　　　　오스트리아 항복
　　　11　독일 11월 혁명
　　　　　독일 휴전 협정

경과　❶ 1918년 11월 해군 지도부의 무모한 출격 명령에 킬 군항에서 수병의 반란이 발생했고, 이에 호응한 노동자와 병사들은 노동자 평의회인 레테를 결성했다.

❷ 바이에른에서 왕이 퇴위하고 독일 황제 빌헬름 2세도 네덜란드로 망명하면서 독일은 공화국이 되었다.

❸ 1919년 1월, 독일 공산당의 스파르타쿠스 봉기가 발생했으나 정부가 진압했다.

❹ 1919년 8월, 바이마르 헌법을 제정했다.

◆ 바이마르 공화국

1919년　바이마르 헌법 성립
　　　　= 바이마르 공화국 성립
　　　　(초대 대통령 에베르트)

민주적 헌법
· 노동자 단결권
· 남녀 보통 선거

대통령 긴급명령권
· 비상시 기본권 제한 가능
· 이후 수권법으로 발전

1919년 　베르사유 조약

연합국 대표가 파리에서 강화 회의를 열고,
베르사유 조약을 비롯한 평화 조약들을 맺었다.

1920년 　세브르 조약

오스만 제국 술탄이 제1차 세계대전의 강화 조약인 세브르 조약에 조인했다.

더 알아보기

· 1923년
　로잔 조약 체결

한눈에 파악한다!　전후 아시아 민족 운동

1919년　**① 3.1 운동**

민족 자결의 기운이 고조되고 3월 1일 서울에서 독립 만세를
부르짖는 시위가 시작되어 전국으로 퍼졌다.

② 5.4 운동

중국의 요구가 파리 강화 회의에서 거부당하자 5월 4일,
베이징대학에서 항의 시위가 발생했다. 반제국주의·반봉건을
외치는 민중 운동으로 발전했다.

③ 롤라트법 제정

영국은 전후 인도에 자치권을 인정하겠다는 약속을 지키지 않고
인도인을 영장 없이 체포·투옥할 수 있는 롤라트법을 제정했다.

경과 ❶ 1918년 11월 독일 혁명이 발생하고 황제가 망명했다. 에베르트 임시정부에 의해 제1차 세계대전이 종전했다.

❷ 1919년 파리 강화 회의가 열리고 독일은 베르사유 조약에 조인했다.

내용 독일의 모든 식민지 포기, 알자스·로렌 지방을 프랑스로 반환, 라인란트 지방 비무장화. 육·해군 제한 및 공군 폐지, 거액의 배상금 지불 등

◆ 독일의 영토 상실

독일
- 라인란트
  (비무장화)
- 자르
  (자치령 설정→이후 주민투표)
- 폴란드 회랑 양도
- 단치히(자유도시화)
- 알자스·로렌 반환

경과 ❶ 1920년 세브르 조약을 맺고 시리아는 프랑스령, 이라크와 팔레스타인은 영국의 위임통치령이 되었으며 이즈미르(스미르니)를 그리스에 할양했다.

❷ 이 조약에 반대한 무스타파 케말은 임시정부를 수립하고 술탄을 추방했다. 그는 1923년 튀르키예 공화국을 건국했고, 이후 그리스를 격퇴하고 로잔 조약을 체결했다.

◆ 제1차 세계대전의 강화 조약

생제르맹 조약
오스트리아와 협상국(승전국) 간
→독일과의 합병 금지
뇌이 조약
불가리아와 협상국 간
트리아농 조약
헝가리와 협상국 간
세브르 조약
오스만 제국과 협상국 간
→ 로잔 조약으로 대체

① 3.1 운동

합병된 한국에서 일본은 무단 통치를 강행했다. 그러던 중 민족자결주의 원칙이 발표되자 1919년 3월 1일 서울에서 독립 만세를 부르짖는 시위가 벌어지고 전국으로 퍼졌다. 일본은 철저하게 이 운동을 탄압했다. 이후 문화 통치로 노선을 바꾸고 동화 정책을 시행했다.

② 5.4 운동

제1차 세계대전 이후 산둥 반환 등의 요구가 파리 강화 회의에서 거부되자 1919년 5월 4일 베이징대학 학생을 중심으로 항의 시위가 벌어졌다. 대규모 시위는 반제국주의·군벌 타도 등의 민중 운동으로 확대되었고 정부는 베르사유 조약 조인을 거부했다.

③ 롤라트법

제1차 세계대전 이후 인도는 영국의 자치 약속을 믿고 많은 병사를 영국에 제공했다. 1919년 영국은 인도 통치법을 제정했지만 형식적인 자치에 그쳤고, 같은 해 영장 없이 인도인을 체포 및 투옥할 수 있는 롤라트법을 제정했다. 이 법에 대항하여 간디는 비폭력·불복종 저항 운동을 시작했다.

1921년 워싱턴 회의

미국 대통령 하딩의 제안으로 워싱턴 회의가 열렸다.

같은 해
· 1921년
상하이에서 중국 공산당
결성 ➡

1922년 소비에트 연방 창설

4개 공화국이 연합하여 소비에트 사회주의 공화국
연방(소련)이 탄생했다.

더 알아보기
· 1918년 전시공산주의
· 1921년 신경제정책
(네프. NEP) ➡

1922년 라팔로 조약

국제적으로 고립 상태였던 독일과 러시아는
라팔로 조약으로 서로의 외교 관계를 회복했다.

1922년 로마 진군

이탈리아에서는 파시스트당을 이끄는 무솔리니가
쿠데타로 총리 자리에 올라 독재를 시작하고
대외 진출을 모색했다.

더 알아보기
· 1924년 피우메 병합
· 1926년 알바니아 보호국화
· 1936년 에티오피아 점령

경과 1921년 미국 대통령 하딩의 제안으로 태평양에서의 안전을 보장하는 워싱턴 회의가 열렸다.

내용 ❶ 4개국 조약(1921년): 태평양제도의 평화 유지 및 영일 동맹 파기

❷ 9개국 조약(1922년): 중국의 주권 존중·영토 보존 약속, 이시이-랜싱 협정 폐기

❸ 미국은 일본의 태평양 진출을 견제했다.

◆ **20세기 초반의 중국**
1917년	신문화운동 (문학혁명)
1919년	5.4 운동 국민당 결성 카라한 선언
1921년	공산당 결성 천두슈(진독수) 총서기 취임
1923년	쑨원-이오페 공동 선언

경과 ❶ 1918년 3월, 볼셰비키가 러시아 공산당으로 개칭하고 1당 독재정권을 수립했다.

❷ 내란과 간섭 전쟁을 수습한 이후, 1922년 12월 4개 공화국이 소비에트 연방(소련)을 설립하고 1924년 헌법을 제정했다.

❸ 소비에트 연방은 대등한 공화국끼리의 자발적인 연방으로 각지의 민족 운동에 큰 영향을 끼쳤다.

◆ **소련의 경제 정책**
1918년	전시공산주의 · 곡물 강제 징발 →생산 의욕 감퇴
1921년	신경제정책(NEP) · 강제 징발 폐지 · 자본주의 일부 부활
1928년	제1차 5개년 계획 · 중공업 우선 · 산업 집단화

경과 ❶ 국제적인 고립 상황을 해소하고 폴란드의 위협에 대비하기 위해 1922년 독일과 소비에트 정권이 조약을 체결했다.

❷ 소비에트 정권이 처음으로 승인되었다.

❸ 비밀 협정에는 양국의 군사 협력 조항이 있었으며, 베르사유 조약으로 금지된 무기를 사용하여 군사훈련을 시행했다.

❹ 1924년에 영국·이탈리아·프랑스, 1925년에 일본, 1933년에 미국이 각각 소련을 승인했다.

◆ **러시아 혁명의 영향**

각국의 사회주의화
· 독일 혁명, 헝가리의 소비에트 정권 수립
· 코민테른의 지도로 각국에 공산당 설립

각지의 민족 운동
· 민족자결주의의 확산
· 식민지 지배 타파

경과 ❶ 1919년 무솔리니가 파시스트당을 결성하고 좌파 운동에 폭력적으로 대응했다.

❷ 의회 정치와 사회주의를 부정하고 중간층의 지지를 얻어 당의 세력을 확대했다.

❸ 1922년 그는 '로마 진군'을 실행하고 국왕의 임명으로 총리가 되어 일당 독재를 개시했다.

❹ 대외 진출을 모색하는 한편, 단절 상태인 교황청과 라테라노 조약을 맺고 바티칸 시국의 독립을 승인하며 화해했다.

◆ **이탈리아, 독일, 일본의 전체주의**
1919년	이탈리아 파시스트당
1920년	독일 나치당
1926년	파시스트당 독재
1929년	세계 대공황
1931년	만주 사변
1932년	일본에서 5.15 사건
1933년	히틀러 독재
1937년	일본·독일·이탈리아 방공 협정

아일랜드의 독립

1922년 **아일랜드 자유국 성립**

1919년 영국에서 독립 전쟁이 발발하고, 1922년 영국 내 자치령인
아일랜드 자유국이 세워졌다. 그러나 주민 대부분이
국교회(개신교)였던 북부 얼스터 지방은 영국령으로 남았다.

1937년 **에이레로 개칭**

헌법을 제정하고 국호를 에이레(Eire)로 개칭했다.

1949년 **아일랜드 공화국 탄생**

제2차 세계대전에서 중립을 유지했고, 1949년 아일랜드 공화국으로
개칭하면서 완전한 독립국이 되어 영국 연방에서 공식적으로 탈퇴했다.

1923년 루르 점령

프랑스가 벨기에와 함께 독일의 공업지대 루르를 점령했다.

같은 해

·1923년
뮌헨 폭동 ➡

1923년 튀르키예 공화국 성립

무스타파 케말 아타튀르크가 튀르키예 공화국 초대 대통령으로 취임하여
근대화를 진행했다.

더 알아보기

·1922년 술탄제 폐지
·1924년 칼리프제 폐지 ➡

 ❶ 1914년 제3차 아일랜드 자치법을 제정했으나 제1차 세계대전 발발로 실제 시행은 연기되었다.

❷ 1916년 패트릭 피어스의 주도로 더블린에서 부활절 봉기가 발생했으나 진압되었다.

❸ 1918년 총선거에서 신페인당이 압승하고 독립을 선언했다. 그러나 영국이 이를 인정하지 않으면서 독립 전쟁이 발발했다.

❹ 1922년 영국의 양보로 자치령으로서 아일랜드 자유국을 수립했다. 단, 북부 6개 주(얼스터 지방)는 개신교 주민이 많아 영국 연방에 머물렀다.

❺ 1937년에 아일랜드 헌법을 제정하고 벌레라가 총리로 취임했다. 국호를 에이레(Eire)로 개칭했다.

❻ 제2차 세계대전에서 중립을 유지했다.

❼ 1949년 아일랜드 공화국으로 개칭하고 영국 연방에서 탈퇴했다.

참고 올리버 크롬웰 이후 영국의 지배를 받았던 아일랜드에 감자가 보급되었는데, 1840년대 감자 흉작으로 대기근이 발생하자 많은 아일랜드인이 미국으로 이주했다. 대표적으로 케네디 대통령이 아일랜드계 이민자의 후손이다.

경과 ❶ 제1차 세계대전에서 프랑스의 피해는 막대했다.
❷ 1923년 프랑스의 푸앵카레 내각은 독일이 배상 의무를 다하지 않았다고 비판하며, 벨기에와 함께 라인강 유역의 공업지대인 루르를 점령했다.
❸ 독일은 소극적으로 저항했고, 프랑스는 국제적인 비판을 받아 결국 철수했다.
❹ 히틀러가 이끄는 나치당은 뮌헨에서 쿠데타를 일으켰으나 실패했다.

◆ **나치당 강령**
· 정식 명칭은 국민(국가)사회주의 독일 노동자당
· 민족 자결에 의한 독일 민족 단일화 주장
· 베르사유 조약 폐기
· 식민지 요구
· 유대인 배척
· 기업 국유화
· 토지 개혁
· 국민군 결성

경과 ❶ 오스만 제국은 1920년 세브르 조약으로 영토가 크게 줄어들었고, 그리스가 이즈미르를 점령했다.
❷ 무스타파 케말 아타튀르크는 그리스를 격퇴하고 1923년에 로잔 조약을 체결했다.
❸ 아타튀르크는 1922년 술탄제를 폐지하고 튀르키예 공화국 초대 대통령으로 취임했다.
❹ 1924년 칼리프제를 폐지하고 근대화 정책을 시행했다.

◆ **튀르키예의 근대화 정책**
· 서구화가 목표
· 문자 개혁(아랍 문자→로마자)
· 여성의 얼굴을 가리는 베일 금지
· 여성 참정권 실시
· 이슬람력→태양력
※ 토지 개혁은 하지 않음

1924년 　중요 연도!

① 도스 안 성립

독일의 배상금 지불액 경감과 미국 차관 투입을 규정한 도스 안이 채택되엇다.

② 몽골 인민공화국 성립

몽골 인민혁명당이 중국으로부터 독립을 계획하고 소련에 이은 두 번째
사회주의 국가로 몽골 인민공화국을 세웠다.

③ 이민법 제정

미국에서 아시아인 이민을 전면 금지하는 이민법을 제정했다.

1924년　제1차 국공 합작

쑨원은 공산당원이 국민당으로 입당하는 것을 인정하고 제1차 국공 합작을
실현했다.

더 알아보기

· 1937년
제2차 국공 합작

1925년　광저우 국민정부 수립

쑨원 사후, 광저우에서 중화민국 정부를 수립하고 통일을 목표로 북벌을
개시했다.

더 알아보기

· 1926년
북벌 개시 ➡

① 도스 안 성립

도스 안은 앞으로 5년간 독일의 배상금 지불액을 덜어주고, 여기에 미국이 자본을 빌려줄 것을 결정한 안이다. 독일은 경제를 부흥시키기 위해, 영국과 프랑스는 빠르게 돈을 배상받기 위해 찬성했으며 전후의 세계 경제는 순조롭게 부흥의 기미를 보였다.

② 몽골 인민공화국

초이발산(처이발상)을 중심으로 한 몽골 인민혁명당은 1921년 중국에서 독립하고, 1924년에 역사상 두 번째 사회주의 국가가 되었다.
1992년에 사회주의 체제에서 탈퇴하고 대통령제인 몽골국이 되었다.

③ 이민법

미국은 '황금의 1920년대'라고 할 정도로 번영했지만, 한편으로는 반공주의와 인종차별 움직임이 두드러졌다. 이미 1882년부터 중국인 이민을 금지했고, 1924년에 제정한 이민법에서는 일본인을 중심으로 아시아인의 이민도 전면 금지되었다.

배경　1923년 국민당의 쑨원은 소련과 협력하는 연소, 공산당과 협력하는 용공, 노동자·농민과 협력하는 부조농공의 3대 노선을 내걸고 혁명 세력을 집결할 계획을 세웠다.

경과　❶ 1924년, 공산당원이 개인 자격으로 국민당에 입당하는 것을 승인했다.

❷ 1925년 3월 쑨원이 죽자, 7월 광저우에 국민정부를 세웠다.

참고　1925년 5월 상하이에서 반제국주의 운동인 5.30 사건이 발생했다.

경과　❶ 1924년 국민혁명 실현을 위해 광저우에 황포군관학교를 만들고 교장으로 장제스(장개석), 정치부 부주임으로 저우언라이(주은래)가 취임했다.

❷ 1925년 쑨원 사후, 왕징웨이(왕조명)를 주석으로 광저우에 중화민국 국민정부를 세웠다.

❸ 1926년 장제스가 중국 통일을 목표로 북벌을 개시했다.

◆ **국민당과 공산당**

국민당	공산당
·삼민주의 ·부르주아 혁명	·마르크스–레닌주의
·영국과 미국 ·철강 재벌	·소련 지원 (코민테른)

◆ **송씨 일가**

쑹아이링(송애령): 장녀, 쿵샹시 (국민정부 재정부장)의 부인
쑹칭링(송경령): 차녀, 쑨원의 부인
쑹메이링(송미령): 삼녀, 장제스의 부인
쑹쯔원(송자문): 쑹칭링의 남동생, 쑹메이링의 오빠
하버드대학 졸업
국민정부의 재정과 외교 담당

세기

1925년 로카르노 조약

영국, 독일, 프랑스 등 7개국이 지역 안전 보장 조약인
로카르노 조약을 체결했다.

1926년 피우수트스키의 쿠데타

피우수트스키는 쿠데타로 폴란드의 정권을
장악했다.

더 알아보기

· 1929년
세르비아-크로아티아-
슬로베니아 왕국,
유고슬라비아 왕국으로 국호
변경

1927년 4.12 상하이 쿠데타

1927년 4월 12일, 장제스는 상하이 쿠데타로 공산당을 장악하고 난징에
새 국민정부를 수립했다.

같은 해

· 1927년
난징 국민정부 수립

1928년 부전 조약(켈로그-브리앙 조약)

프랑스의 브리앙과 미국의 켈로그가 전쟁을 포기하고
분쟁을 평화적으로 해결하자는 부전 조약을
제안하여 이에 세계 15개국이 조인했다.

같은 해

· 1928년
일본 관동군의 장쭤린 폭살
사건 ➡

경과 ❶ 1925년 독일을 포함한 7개 나라에서 지역적 집단 안전 보장 조약인 로카르노 조약을 맺었다.
❷ 독일은 프랑스·벨기에와의 국경 불가침을 약속하고, 독일은 국제연맹에 가입했다.
❸ 그 결과 서유럽의 정세는 안정되었지만, 배제당한 소련은 반발했다.
❹ 1936년, 히틀러가 라인란트에 군대를 주둔시키면서 로카르노 조약은 붕괴했다.

경과 ❶ 제1차 세계대전에서 폴란드는 독일 측으로 러시아와 싸웠다.
❷ 1918년, 소비에트 정권은 폴란드령을 포기하겠다고 발표했다.
❸ 제1차 세계대전 종전 이후 폴란드는 피우수트스키를 주석으로 독립했다.
❹ 1920년, 폴란드는 소비에트–폴란드 전쟁으로 벨라루스와 우크라이나의 영토를 획득했다.

배경 쑨원 사후 국민당 내부에서는 공산당 및 왕징웨이의 좌파와 장제스의 우파 간 대립이 격화했다.
경과 ❶ 1927년 3월, 공산당이 상하이에서 혁명 정권을 수립했다.
❷ 1927년 4월 12일 저장 재벌의 지원을 받은 장제스가 상하이에서 반공 쿠데타를 강행하고 공산당원을 살해했다.
❸ 1927년 4월 18일 난징 국민정부가 세워졌다.

경과 ❶ 1928년 프랑스의 외무장관인 브리앙이 미국에 제안했으며, 미국의 국무대신인 켈로그가 국제 조약으로 확대를 제안하여 15개국이 조인했다.
❷ 소련도 가맹국으로 참여하고 63개국이 조인한 결과 세계 평화의 움직임이 고조되었다.
❸ 국제 분쟁은 평화적 수단으로만 해결해야 한다고 명시했다.
❹ 단, 정당방위에 의한 무력은 부정하지 않았다.

◆ **국제 정치의 흐름**

전쟁 억제 노력

균등 세력 유지
· 타국과 군사동맹 체결
· 서로 불신한 탓에 무제한 군비 확장으로 이어짐

집단 안전 보장
· 모든 나라를 하나의 조직으로
· 어떤 나라가 규칙을 어기면, 다른 모든 가맹국이 심판

◆ **전쟁 시기의 동유럽**

민족·종교의 모자이크

민족자결주의를 근거로 독립
소련의 영향을 막으려는 유럽 국가들

독재화
유고슬라비아
헝가리(호르티)
폴란드(피우수트스키)
→ 제2차 세계대전으로

◆ **북벌(군벌 타도)**

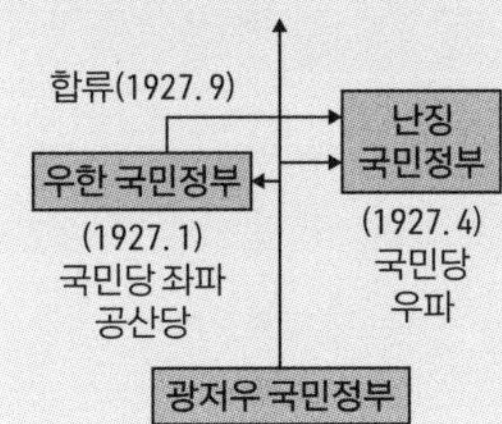

◆ **일본의 중국 진출**

1927년 　산둥 출병
1928년 　제남 사건
　　　　　(일본군 ↔ 중국 국민당 북벌군)
　　　　　장쭤린 폭살 사건
1931년 　만주 사변
1932년 　상하이 사변
　　　　　만주국 성립
1935년 　기동 방공자치정부 설치
1937년 　중일 전쟁

1929년 세계 대공황

뉴욕 주식거래소의 주가가 대폭 하락하면서
대공황이 발생했다.

1931년 웨스트민스터 헌장

웨스트민스터 헌장에서 영국 본국과 자치령은
국왕에 대한 충성으로 이어져 있으며
완전히 대등한 국가임을 결의했다.

더 알아보기
· 1932년
  오타와 연방 회의(대영제국
  경제 회의)

1931년 중화 소비에트 공화국 수립

루이진(서금)에서 마오쩌둥을 주석으로 중화 소비에트 공화국 임시정부가
들어섰다.

더 알아보기
· 1934년
  장정(대장정) ➡

1933년 나치당, 정권 장악

히틀러가 힌덴부르크 대통령에 의해 총리로 임명되어 내각을 조직했다.

같은 해
· 1933년 2월
  독일 국회의사당 방화 사건

원인 ❶ 도스 안 성립 후 서구의 공업 생산력이 회복세를 띠었다. 미국에서는 공화당 정권 아래 고관세·자유 방임 정책을 시행하고 있었다.

❷ 소련이 성립되면서 시장이 축소되었다.

경과 ❶ 1929년 10월, 뉴욕 월가의 주식이 대폭락했다.

❷ 타격을 받은 미국은 각 나라의 자금을 회수했고, 이로 인해 공황이 세계적으로 번졌다. 소련을 제외한 주요국은 심각한 불황에 빠졌다.

배경 제1차 세계대전에서 영국 자치령은 본국과 함께 싸웠으며 발언권이 강했다.

내용 ❶ 구성국은 왕국에 대한 충성을 명분으로 통합을 이루었다.

❷ 자치령은 캐나다, 오스트레일리아, 뉴질랜드, 남아프리카 연방, 아일랜드 자유국, 뉴펀들랜드 등이 있다.

참고 이듬해 오타와 연방 회의를 개최했다.

경과 ❶ 상하이 쿠데타로 나라가 분열한 후, 공산당은 농촌에 거점을 두고 1931년에 저장성 루이진에서 중화 소비에트 공화국 임시정부(주석 마오쩌둥)를 수립했다.

❷ 장제스는 몇 번에 걸쳐 공산당의 거점을 포위·공격했다.

❸ 1934년, 공산당군은 루이진에서 산시성 옌안으로 탈출했다.(장정)

❹ 1935년, 모스크바에서 8.1 선언을 발표했다.

배경 바이마르 헌법의 대통령 긴급 명령권에 의해 대통령이 총리를 임명할 수 있었다.

경과 ❶ 나치당은 베르사유 조약 파기를 주장하고, 공산주의를 두려워하는 자본가와 결탁하며 세력을 크게 키웠다.

❷ 1933년 1월에 히틀러가 총리 자리에 오르고, 2월에는 국회의사당에서 방화 사건이 발생하자 이를 빌미로 공산당을 탄압했다. 이후 수권법(전권 위임법)을 제정했다.

◆ **1920년대 미국의 빛과 그림자**

빛

· 세계 제일의 공업국
· 미국식 생활양식(라디오·자동차) 보급

그림자

· 공산주의·무정부주의 탄압: 사코와 반제티 사건
· 인종(민족) 차별: KKK·이민법

◆ **뉴딜 정책**

F. D. 루스벨트(재임 1933~1945)가 시행한 경제 부흥 정책

농업조정법(AAA)
과잉 생산물을 정부가 매입

전국산업부흥법(NIRA)
정부에 의한 생산 제한
→ 1935년 대법원의 위헌 판결
→ 1935년 와그너법으로 일부 대체

◆ **중국과 소련의 혁명관**

소련

마르크스: 사회주의 혁명은 발달한 자본주의 사회에서 발생한다

러시아 혁명 = 도시 혁명

중국

마오쩌둥: 농촌을 혁명의 거점으로 삼고 도시 포위

◆ **나치당과 히틀러**

1921년 히틀러, 나치당 당수로 돌격대(SA) 창설
1923년 뮌헨 무장봉기
→ 옥중에서 《나의 투쟁(Mein Kampf)》 저술
1932년 나치당, 제1당으로 올라섬
1933년 수권법 제정
1934년 히틀러 총통 취임
1935년 뉘른베르크법(반유대주의)
1936년 4개년 계획

한눈에 파악한다!　중일 전쟁

1931년　**류탸오후(유조호) 사건**

1931년 9월, 관동군은 류탸오후 사건을 계기로 중국 동북 지방을 점령하고 만주 사변이 발발했다.

1937년　**루거우차오(노구교) 사건**

1937년 7월, 일본과 중국은 루거우차오(노구교)에서 군사적으로 충돌하고 이를 계기로 중일 전쟁이 발발했다.

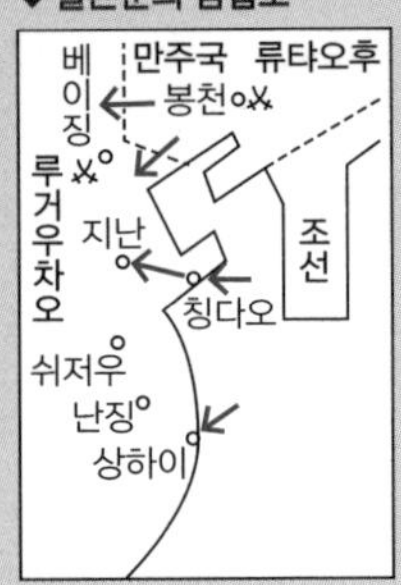
◆ 일본군의 침입로

1935년　독일, 재군비 선언

독일은 자르 지방을 재합병하고 재군비를 선언했다.

같은 해

· 1935년
자르 지역, 국민 투표로
독일에 합병

 ❶ 1931년 9월 일본군이 봉천 교외에서 철도 폭파 자작극인 류탸오후 사건을 일으켰고 이를 계기로 만주 사변이 발생했다.

❷ 1932년 1월 일본군은 상하이 사변을 일으키고 3월에 만주국을 건국했다. 청나라 마지막 황제 부의를 집정(1934년에는 황제)으로 내세웠다.

❸ 중국의 제소로 국제연맹에서 리튼 조사단이 파견되고, 중국 동북부에서 일본의 특권을 대폭 인정했으나 만주 사변은 일본의 침략으로 규정했다.

❹ 이에 불만을 느낀 일본은 1933년 3월 국제연맹을 탈퇴했다. 1934년에는 워싱턴 회의에서 맺은 워싱턴 해군 군비 축소 조약도 파기했다.

❺ 1933년에 열하(러허) 사변을 일으켜 이 지역을 점령하고 만주국에 편입했다.

❻ 1935년 11월, 허베이성에 일본 괴뢰정권인 기동 방공자치정부를 수립했다.

❼ 1937년 7월, 베이징 교외의 루거우차오 사건을 계기로 중일 전쟁을 일으켰다.

❽ 미국·영국·소련은 중국을 지원했고, 전쟁은 장기화되엇다.

❾ 국민정부는 충칭(중경)으로 이전했고, 일본은 왕징웨이를 옹립하여 난징 정부를 수립했다.

❿ 1945년 8월 일본이 항복하면서 중일 전쟁이 끝났다.

 ❶ 1933년 10월, 군비 평등권이 거부되자 독일은 국제연맹을 탈퇴했다.

❷ 1935년 1월 국민 투표로 자르를 병합하고, 3월에는 베르사유 조약의 군사 조항을 파기하고 재군비를 선언했다.

❸ 1935년 프랑스와 소련이 상호원조 조약을 맺자 로카르노 조약을 파기하고 1936년 3월 라인란트로 군대를 진주했다.

❹ 1935년 6월, 영국은 독일의 재군비를 일부 인정했다.

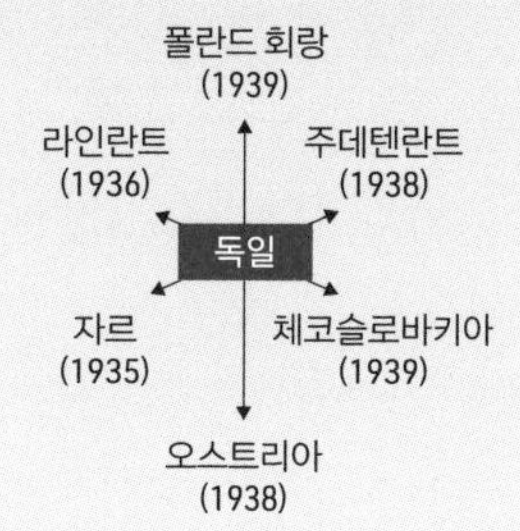

1936년 — 중요 연도!

① 시안 사건

장쉐량(장학량)이 공산당 토벌을 독촉하러 온 장제스를 감금하고 국공 합작을 요구했다. 이를 계기로 1937년 제2차 국공 합작이 이루어졌다.

② 인민전선 내각 탄생(스페인·프랑스)

반파시즘의 인민 통일전선을 제창하며 스페인과 프랑스에서 내각이 탄생했다.

③ 라인란트 진주

히틀러가 로카르노 조약을 깨고 비무장지대인 라인란트에 진주했다.

④ 스페인 내전

프랑코 장군이 인민전선 내각에 반란을 일으키고 정부를 타도했다.

1938년 — 뮌헨 회담

1938년 열린 뮌헨 회담에서 독일에 대한 유화 정책으로 독일의 주데텐란트(수데티) 할양을 인정했다.

같은 해

· 1938년
독일, 오스트리아를 합병 ➡

1939년 — 독·소 불가침 조약

독일은 소련과의 전쟁을 방지하여 동서 동시 전면전을 피하기 위해 소련과 서로 침략하지 않겠다는 불가침 조약을 체결했다.

더 알아보기

· 1941년
독일–소련 전쟁 개시

① 시안 사건

1936년 12월, 장쉐량과 양후청이 시안에서 장제스를 감금하고 항일 운동 및 내전 중지를 강요했다. 저우언라이도 함께 설득하자 장제스는 이에 동의했다. 그 결과 이듬해 제2차 국공 합작이 성사되었다.

② 인민전선 내각 탄생

1935년, 코민테른 제7차 대회에서 파시즘에 맞서 통일전선 결성을 제안했다. 이에 1936년 2월 스페인(아사냐 대통령), 6월 프랑스(사회당 블룸 총리)에서 인민전선이 정권을 잡으며 내각이 출범했다.

③ 라인란트 진주

1935년, 프랑스–소련 상호원조 조약이 체결되자 1936년 히틀러는 로카르노 조약을 파기하고 라인란트로 진주했다.

④ 스페인 내전

1936년 2월, 인민전선 아사냐 내각이 수립되자 7월에 우파 쪽 장군인 프랑코가 모로코에서 반란을 지휘했고 이는 곧 스페인 내전으로 발전했다. 소련 및 각국의 의용군이 인민전선 쪽으로 참전했고, 독일과 이탈리아는 프랑코를 원조했다. 영국과 프랑스는 유화 정책으로 이 상황에 참여하지 않았고, 이후 게르니카 폭격을 계기로 프랑코 측이 승리했다.

배경　1938년 3월 히틀러는 오스트리아를 합병하고, 9월에는 독일계 주민이 많은 체코의 주데텐란트(수데티) 지방의 할양을 요구했다.

경과　❶ 1938년 9월 독일의 히틀러, 이탈리아의 무솔리니, 프랑스의 달라디에, 영국의 네빌 체임벌린이 뮌헨 회담을 열었다.
❷ 영국과 프랑스는 독일에 대해 유화 정책을 취하기로 하고 주데텐란트 합병을 승인했다.

경과　❶ 1939년, 독일은 폴란드에 단치히 반환과 폴란드 회랑을 횡단하는 교통로 건설을 요구했다.
❷ 서유럽 측을 불신하던 소련은 1939년 8월 독·소 불가침 조약을 체결했다.
❸ 1939년 9월, 폴란드는 독일과 소련의 공격으로 패배하여 분할되었다.
❹ 1939년 11월, 소련은 핀란드를 침공하고 발트 3국을 합병했다.

◆ **19세기 이후의 오스트리아**

1914년　세르비아에 선전포고
　　　　→제1차 세계대전 발발
1918년　패전 후 공화제로 전환
1919년　생제르맹 조약으로 오스트리아–헝가리 제국 해체
1933년　돌푸스의 오스트로파시즘
　　　　(오스트리아 파시즘) 체제
1938년　독일에 합병
1945년　미국·소련·영국·프랑스가 분할 점령→1955년 독립

◆ **제2차 세계대전에 이르기까지**

1933년　나치당 독재 성립
1933년　일본과 독일, 국제연맹 탈퇴
1935년　스트레사 체제(영국·프랑스·이탈리아 3국 안전 보장)
　　　　코민테른 제7차 대회에서 인민전선 제창→프랑스·스페인에서 인민전선 내각 집권
1936년　스페인 내전
1937년　일본·독일·이탈리아 방공 협정
1938년　뮌헨 회담
1939년　할힌골 전투(일본↔소련·몽골)

1939년 — 제2차 세계대전

독일이 폴란드를 침공하면서 제2차 세계대전이
발발했다.

같은 해
- 1939년
  9월, 독일의 폴란드 침공
  11월, 소련의 핀란드 침공 ➡

1941년 — 태평양 전쟁

1941년 12월, 일본이 진주만을 공격하고 미국·영국에 선전포고하면서 태평양
전쟁이 발발했다.

같은 해
- 1941년
  미국, 무기대여법 제정 ➡

1942년 — 미드웨이 해전

미드웨이 해전에서 일본 해군이 패배하며 태평양 전쟁의 전환점이 되었다.

같은 해
- 1942년
  스탈린그라드 전투

1944년 — 노르망디 상륙 작전

1944년 6월 프랑스 북부 노르망디에 연합군이 상륙하고
제2전선을 형성하여 독일을 협공했다.

경과 ❶ 1939년 9월 독일이 폴란드를 침공하고 제2차 세계대전이 발발했다.
❷ 영국·프랑스와 독일 사이에 교전이 없는 '가짜 전쟁' 상태가 반년 이상 이어졌다.
❸ 독일은 1940년 4월 덴마크와 노르웨이를, 5월에는 네덜란드와 벨기에를 침공했다.
❹ 1940년 6월 영국군은 됭케르크에서 퇴각했다.
❺ 1940년 6월 독일은 파리를 점령했고, 이탈리아가 독일 쪽으로 참전했다.
❻ 프랑스의 페탱이 독일에 항복하고 괴뢰정권인 비시(Vichy) 정부가 세워졌다.

◆ 제2차 세계대전의 흐름

1939년	제2차 세계대전 발발
1939년	소련-핀란드 전쟁 → 소련, 국제연맹에서 제명
1940년	프랑스 페탱의 비시 정권 수립, 드골은 런던으로 망명
1940년	영국 처칠 내각 수립
1941년	대서양 헌장 발표·태평양 전쟁 발발
1941년	독일과 이탈리아가 미국에 선전포고

경과 ❶ 1940년 프랑스가 독일에 항복하자 일본은 프랑스령 인도차이나를 침공하고 독일·이탈리아와 삼국 동맹 조약을 체결했다.
❷ 1941년 4월, 소련-일본 중립 조약을 체결했다. 한편, 6월에는 독일과 소련 간 전쟁이 발발했다.
❸ 중립을 유지하던 미국은 1941년에 무기대여법을 만들고 영국과 소련에 무기를 제공했으며, 일본에 석유 공급을 중지했다.
❹ 1941년 일본이 미국의 진주만을 공격하며 태평양 전쟁이 발발했다.

◆ 20세기 전반의 일본

1931년	만주 사변
1932년	상하이 사변·만주국 건국
1937년	중일 전쟁
1939년	제2차 세계대전
1939년	왕징웨이 정권 수립
1940년	삼국 동맹 조약 ABCD(미국·영국·중국·네덜란드) 포위망
1940년	일본, 대동아공영권 구상 발표

경과 ❶ 1941년 태평양 전쟁이 발발하자 일본은 석유를 비롯한 전략 물자를 확보하기 위해 동남아시아로 진출하여 반년 사이에 대부분을 점령했다.
❷ 일본은 '대동아공영권'을 내세웠으나 아시아 각지에서 항일 운동이 발생했다.
❸ 1942년 6월, 일본 해군이 미드웨이 앞바다에서 미군에 최초로 패배하면서 태평양 전쟁의 결정적 전환점이 되었다.

◆ 아시아·태평양 전선

1941년 12월	일본, 말레이·진주만 공격 일본-태국 동맹 성립
1942년	일본, 필리핀·싱가포르·미얀마 정복
1942년	미드웨이 해전
1944년	사이판 전투에서 미국 승리 → 일본 본토 공습
1945년	미국, 오키나와 상륙

경과 ❶ 1943년 7월, 이탈리아에서 무솔리니가 실각하고 대신 들어선 바돌리오 정권이 9월에 무조건 항복을 선언했다.
❷ 1943년 11월 테헤란 회담에서 유럽 대륙의 제2전선을 구축하는 데 협의했다.
❸ 1944년 6월에 노르망디에 연합군이 상륙하고 독일을 동서 양쪽에서 협공했다.
❹ 1945년 4월에 히틀러가 자살했고, 5월 베를린이 함락되면서 독일은 항복했다.

◆ 유럽 전선

1941년	독일, 발칸반도 침공 → 독일과 소련, 전쟁 개시
1942년	스탈린그라드 전투
1942년	연합군, 북아프리카에 상륙
1943년	연합군, 시칠리아에 상륙 → 무솔리니 해임
1944년	연합군, 노르망디에 상륙

세기

BC
1
2
3
4
5
6
7
8
9
10
11
12
13
14
15
16
17
18
19
20
21

1945년 샌프란시스코 회의

1945년 연합국이 모인 샌프란시스코 회의에서
UN 헌장을 채택했다.

같은 해

· 1945년
중국 공산당–국민당,
쌍십협정 체결 ➡

한눈에 파악한다!

세계대전 전후의 주요 국제 회담

1941년 ① 대서양 헌장 발표 (8월)

루스벨트 · 처칠

1943년 ② 카사블랑카 회담 (1월)

루스벨트 · 처칠

③ 카이로 회담 (11월)

루스벨트 · 처칠 · 장제스

④ 테헤란 회담 (11월)

루스벨트 · 처칠 · 스탈린

1945년 ⑤ 얄타 회담 (2월)

루스벨트 · 처칠 · 스탈린

⑥ 포츠담 회담 (7월)

트루먼 · 처칠(애틀리) · 스탈린

 ❶ 1941년 뉴펀들랜드 앞바다 영국 함선에서 루스벨트와 처칠이 전후 구상을 논의 및 발표했다.

❷ 1944년 덤버턴오크스 회의에서 UN 헌법 초안이 만들어졌다.

❸ 1945년 UN 상임이사국의 거부권 문제를 얄타 회담에서 합의했다.

❹ 1945년 샌프란시스코에 연합국 50개국이 모여 UN 헌장을 채택했다.

◆ **20세기 전반의 중국**

1945년	일본 항복
1945년 10월	쌍십협정으로 장제스와 마오쩌둥이 정치협상 회의 형성 합의
1946년 6월	국공 내전 재개
1948년	공산군 우세
1949년	중화인민공화국 수립
1950년	장제스가 대만에서 총통으로 복귀

① 대서양 헌장

1941년 8월 대서양 위의 영국 전함에서 루스벨트와 처칠이 회담을 열고 8개조의 전후 정책을 발표했다. 이 내용은 이후 UN 헌장이 계승했다.

② 카사블랑카 회담

1943년 1월 루스벨트와 처칠이 회담을 열고 독일의 무조건 항복을 요구했다.

③ 카이로 회담

1943년 11월 루스벨트·처칠·장제스가 참여한 회담으로 일본의 전후 처리 방침을 협의했다. 일본의 항복 후 만주와 대만은 중국으로 반환되었으며 조선의 독립을 결정했다.

④ 테헤란 회담

1943년 11월 루스벨트·처칠·스탈린이 참여한 회담으로, 유럽 대륙에서 제2전선 형성을 협의하고 이에 따라 1944년 노르망디 상륙 작전을 실행했다.

⑤ 얄타 회담

1945년 2월 루스벨트·처칠·스탈린이 회담을 열고 비밀 협정으로 소련의 대일본 전쟁 참전과 남사할린·쿠릴열도의 소련 할양 등을 결정했다.

⑥ 포츠담 회담

1945년 7월의 루스벨트·처칠(애틀리로 교체)·스탈린이 참여한 회담으로, 미국·영국·소련이 진행했지만 선언은 미국·영국·중국(장제스)이었다. 일본은 이 선언을 무시했고, 이로 인해 8월 6일 히로시마, 9월 나가사키에 원자폭탄이 떨어졌다. 8월 14일 선언을 수락하면서 일본은 항복했다.

1	20세기 초반, 남극점에 최초로 도착한 노르웨이의 탐험가는?	1	로알 아문센
2	20세기 초반, 유인 동력 비행에 처음 성공한 미국인은?	2	라이트 형제
3	다이너마이트를 발명한 스웨덴의 발명가는?	3	알프레드 노벨
4	19세기 말, 프랑스의 뤼미에르 형제가 개발한 기술은?	4	영화(시네마토그래프)
5	상대성이론을 발표하고 제2차 세계대전 이후 평화 운동을 지지한 과학자는?	5	알베르트 아인슈타인
6	원자나 소립자 단위로 물리 현상을 설명하는 학문은?	6	양자역학
7	20세기 초반에 미국에서 시작한 무선 통신 기술은?	7	라디오
8	무의식, 초자아 등의 개념으로 대표되는 정신분석학을 창시한 오스트리아 학자는?	8	지그문트 프로이트
9	《프로테스탄트 윤리와 자본주의 정신》의 저자는?	9	막스 베버
10	《민주주의와 교육》을 저술한 실용주의 학자는?	10	존 듀이
11	〈게르니카〉로 알려진 스페인 출신의 입체파 화가는?	11	파블로 피카소
12	스페인 내전에 참전했고 《무기여 잘 있거라》로 유명한 미국 작가는?	12	어니스트 헤밍웨이
13	스페인 내전 체험으로 《카탈로니아 찬가》를 저술했으며 《동물농장》으로 유명한 영국 작가는?	13	조지 오웰
14	20세기 초반, 미국 남부에서 시작한 음악 장르는?	14	재즈
15	인간의 실존을 사색으로 파악한 철학 사조는?	15	실존철학(실존주의)
16	《광인일기》를 저술하고 백화운동을 전개한 중국 작가는?	16	루쉰
17	나치 정권에 반대한 독일의 작가로 《마의 산》을 쓴 사람은?	17	토마스 만

제10장

현대 세계

1944년~2012년

1944년 　브레턴우즈 회의

브레턴우즈 회의에서 세계 경제의 부흥을 논의하고
새로운 국제 경제 체제가 성립했다.

더 알아보기
· 1947년 GATT 설립
· 1995년
　세계무역기구(WTO)로
　발전 ➡

1945년 　베트남 민주 공화국 수립

1945년에 호찌민의 베트남 민주 공화국이 수립되고 프랑스와 미국의 지원을
받은 베트남 공화국 정권과 싸웠다.

1945년 　국제연합 발족

51개국을 원가맹국으로 국제연합(UN)이 발족했다.

더 알아보기
· 1920년
　국제연맹 발족 ➡

1947년 　트루먼 독트린

1947년 3월 트루먼 독트린을 발표하면서 봉쇄 정책과 냉전이 시작되었다.

같은 해
· 1947년
　마셜 플랜 ➡

경과 ❶ 대공황 당시 각국의 보호무역 정책이 제2차 세계대전의 원인으로 꼽혔고, 이에 국제 무역의 자유화를 목적으로 1944년 브레턴우즈 회의가 열렸다.

❷ 1945년에 국제부흥개발은행(IBRD)과 국제통화기금(IMF)을 설립했고, 1947년에는 자유무역을 촉구하는 관세 및 무역에 관한 일반협정(GATT)을 조인했다.

◆ 국제 경제 체제

1944년
브레턴우즈 체제

1971년
스미소니언 체제

1976년
킹스턴 체제

1995년
GATT→WTO로 발전

경과 ❶ 1945년 베트남 민주 공화국이 건국되었으나 프랑스는 이를 인정하지 않았다. 이에 1946년 인도차이나 전쟁이 발발했고, 프랑스는 1949년 바오다이를 원수로 하는 베트남국을 건국했다.

❷ 1954년 디엔비엔푸 전투에서 프랑스군이 패배하고 북위 17도선을 휴전선으로 하는 제네바 합의를 체결했다.

❸ 미국은 이 합의를 인정하지 않았으며, 응오딘지엠을 대통령으로 하는 베트남 공화국을 수립했다.

◆ 현대 베트남사

1946년 인도차이나 전쟁
1954년 제네바 합의
1964년 베트남 전쟁
※ 통킹만 사건 후 미국이 본격 개입
1978년 베트남, 캄보디아 침공
1979년 중국-베트남 전쟁
1986년 도이머이 정책(개혁·개방 정책)
※ 시장경제 도입
1991년 중국과 국교 회복
1995년 미국과 국교 회복

배경 1920년 국제연맹이 만들어졌으나 미국은 참여하지 않았고, 일본·독일·이탈리아는 1930년대에 탈퇴했다. 만장일치 원칙과 무력 제재 불가 등 한계점이 있었다.

경과 ❶ 1945년 뉴욕을 본부로 국제연합(UN)이 발족했다. 모든 가맹국이 평등하게 참여하는 총회와 5개 상임이사국(영국, 미국, 프랑스, 중국, 소련)이 거부권을 지닌 안전보장이사회를 설치했다.

❷ 유엔군 창설을 규정했다.

◆ 국제연맹과 국제연합

국제연맹	국제연합
총회 만장일치	안전보장이사회 (안보리) 5개국 만장일치, 거부권 보유
경제 제재	무력 제재 가능
미국·소련 불참 일본·독일·이탈리아 탈퇴	냉전 시기 미국과 소련 대립 냉전 이후 미국 일방주의

배경 제2차 세계대전 말부터 미국과 소련은 지속적으로 대립했다.

경과 ❶ 1947년 3월 미국 대통령 트루먼이 트루먼 독트린을 발표하고 소련의 영향력 강화를 막기 위해 그리스와 튀르키예에 지원을 표명했다.

❷ 트루먼 독트린에 의한 공산주의 봉쇄 정책으로 냉전이 시작되었다.

❸ 1947년 6월, 미국 국무장관 마셜은 유럽 경제 부흥 계획인 마셜 플랜을 발표했다.

◆ 냉전

1947년
트루먼 독트린(1947)
⇕
코민포름(1947)

마셜 플랜(1947)
⇕
코메콘(경제상호원조회의. 1949)

1989년 몰타 회담(냉전 종식 선언)

세기

BC
1
2
3
4
5
6
7
8
9
10
11
12
13
14
15
16
17
18
19
20
21

1947년 2.28 사건

1947년 대만에서 대규모 시위가 발생했고,
국민당은 이들을 철저하게 탄압했다.

1947년 인도·파키스탄 독립

1947년 힌두교 우세인 인도와 이슬람교 우세인 파키스탄이 각각 독립했다.

더 알아보기
·1971년
방글라데시 독립 ➡

1948년 미얀마·스리랑카 독립

1948년 미얀마와 스리랑카(실론)가 독립했다.

1948년 체코슬로바키아 쿠데타

1948년 체코슬로바키아에서 공산당이
쿠데타를 일으키고 공산정권을 수립했으며,
이는 서방 국가들이 연합하는 계기가 되었다.

같은 해
·1948년
서유럽 연합 조약
(브뤼셀 조약)

경과 ❶ 1947년 2월 담배를 판매하던 여성을 중화민국 경찰이 적발하고 길에서 구타하는 사건이 발생했다.
❷ 경찰은 항의하는 사람들에게 발포했고, 총에 맞은 시민이 사망하자 대규모 시위로 번졌다.
❸ 국민당은 중국 대륙에서 군대를 파병하여 시위를 무자비하게 진압했다.

◆ **대만 현대사**

1949년	국공내전에서 패배한 장제스의 국민당은 대만으로 도망쳐 타이베이를 임시 수도로 정부 이전
1949년	계엄령 선포(~1987년)
1971년	UN 탈퇴
1988년	리덩후이 총통 취임
2000년	천수이볜 총통 취임(독립파)
2008년	마잉주 총통 취임(친중파)
2016년	차이잉원 총통 취임(독립파)
2024년	라이칭더 총통 취임(독립파)

경과 ❶ 1947년, 힌두교도가 주류인 인도 연방과 무슬림이 주류인 파키스탄이 각각 독립했다.
❷ 독립 인도의 초대 수상인 네루(재임 1947~1964) 통치 아래 비동맹 진영(제3세계)의 중심이 되었다.
❸ 1947년, 카슈미르의 영유권 문제를 두고 제1차 인도-파키스탄 전쟁이 발발했다.
❹ 1971년, 동파키스탄이 방글라데시로 독립했다.

◆ **인도 현대사**

1947년	인도·파키스탄 독립 → 인도-파키스탄 전쟁 (카슈미르 문제)
1948년	간디 암살
1962년	중국과 인도 국경 분쟁
1966년	인디라 총리 취임 → 1984년 암살
1971년	방글라데시 독립
1984년	라지브 총리 취임

경과 ❶ 제2차 세계대전에서 아웅 산은 일본에 협력했으나 항일 운동가로 돌아섰다.
❷ 미얀마는 1948년, 영국 연방을 떠나 미얀마 연방공화국으로 독립했다.
❸ 스리랑카는 1948년 영국 연방의 자치령으로 독립하고, 1972년에 실론에서 스리랑카로 국호를 변경했다.
❹ 미얀마는 1962년 쿠데타로 네 윈이 전권을 장악하고 사회주의화를 선언했다.
❺ 미얀마는 1989년 버마에서 미얀마로 국호를 변경했다.

◆ **동남아시아 현대사**

1945년	인도네시아 독립
1946년	필리핀 독립
1949년	라오스 독립
1953년	캄보디아 독립
1957년	말라야 연방 독립
1965년	싱가포르 독립
1976년	베트남 사회주의 공화국 성립
1984년	브루나이 독립
2002년	동티모르 독립

배경 체코슬로바키아는 다른 동유럽 사회주의 국가들과 달리 의회제 민주주의를 근본으로 삼고 있었다. 또한, 폴란드와 달리 런던의 망명 정부가 세계대전 후 신정권의 주체가 되었다.
경과 ❶ 1947년 마셜 플랜이 발표되자 체코슬로바키아 정부는 처음에는 참여를 표명했으나 이후 거부했다.
❷ 1948년 공산당이 쿠데타를 일으켜 사회주의 정권을 수립했다.

◆ **세계대전 이후의 동유럽 국가들**

폴란드	1945년 이후 공산당 계열과 비공산당 계열 대립 → 1952년 공산당이 권력 장악
헝가리	1946년 공화국 수립 → 1949년 공산당 계열 권력 장악, 인민공화국 수립
루마니아	1946년 공산당 계열이 권력 장악, 1947년 인민공화국 수립

한눈에 파악한다!   소련권 형성

1919년   코민테른 결성
1919년 3월, 모스크바에서 러시아 공산당의 지도로 코민테른을
결성하여 세계 혁명을 목표로 활동했다.

1947년   코민포름 결성
1947년 9월 소련·프랑스·이탈리아 등 9개국의 공산당이 정보 교환을
목적으로 코민포름을 결성했다.

1949년   코메콘 결성
1949년 1월, 소련은 동유럽 6개 나라와 경제 협력 기구인
코메콘(COMECON)을 결성했다.

1955년   바르샤바 조약 기구
1955년 5월, 소련은 북대서양 조약 기구(NATO)에 대항하여 동유럽
7개국과 군사동맹인 바르샤바 조약 기구를 결성했다.

1948년   베를린 봉쇄

서독의 화폐 개혁에 대항하여 소련은 베를린을 완전 봉쇄했다.

더 알아보기
· 1961년
베를린 장벽 건설 ➡

1949년   북대서양 조약 기구(NATO)

미국과 서유럽을 중심으로 반공 군사 동맹인 북대서양 조약 기구(NATO)를
결성했다.

같은 해
· 1949년
중화인민공화국 성립 ➡

경과 ▶ ❶ 1948년 6월, 미국·영국·프랑스 3개국이 서독 화폐 개혁을 진행하자 소련은 서베를린으로 가는 교통을 1949년 5월 12일까지 차단했다.

❷ 1949년 독일연방공화국(서독), 독일민주공화국(동독)이 각각 세워졌다.

❸ 1961년 동독은 동서 베를린 경계에 장벽을 세우고 시민의 탈출을 막았다.

❹ 1989년 11월 동독의 호네커가 퇴진하고 베를린 장벽이 무너졌다.

◆ 서독 역사

1948년	베를린 봉쇄
1954년	주권 회복
1961년	베를린 장벽 구축
1969년	브란트 내각 출범
1972년	동서독 기본 조약
1982년	콜 내각 출범 (기독교민주연합)
1990년	동서독 통일

배경 1948년 2월 체코슬로바키아 쿠데타를 계기로 3월에는 영국·프랑스·베네룩스 3국이 집단적 자위 체제인 서유럽 연합을 만들었다.

경과 ▶ ❶ 1949년 4월, 서유럽과 캐나다 등의 12개국이 미국을 중심으로 한 북대서양 조약 기구(NATO)를 결성하고 서구 집단 방위 체제를 구축했다.

❷ 1999년 이후 동유럽 국가들도 참여했으며 최초의 군사 행동으로 세르비아를 공격했다.

◆ 현대의 중국 ①

1945년	10월	쌍십협정
1946년	1월	중국 정치협상 회의
	5월	국민정부 난징 천도
	7월	국공내전 본격화
1949년	1월	장제스 하야
	10월	중화인민공화국 건국
	12월	대만에 국민정부 수립
1950년	1월	영국, 중화인민공화국 승인
	6월	6.25 전쟁 발발

현대 세계

세기

BC
1
2
3
4
5
6
7
8
9
10
11
12
13
14
15
16
17
18
19
20
21

1950년 — 6.25 전쟁

6.25 전쟁(한국전쟁)이 발발했다. 전선이 교착되자 1953년에 판문점에서
휴전 협정을 맺었으며 남북한이 분단되었다.

더 알아보기
· 1953년
　휴전 협정 체결

1950년 — 중·소 우호동맹 상호원조조약

일본과 미국을 적국으로 하는 중국과 소련이 우호동맹 상호원조조약을
체결했다.

더 알아보기
· 1969년
　중·소 국경 분쟁 ➡

1951년 — 샌프란시스코 강화 조약

태평양 전쟁 이후 일본과 연합국이 샌프란시스코
강화 조약을 맺고 일본의 주권 회복과
한국의 독립을 확인했다.

같은 해
· 1951년 태평양
　안전보장조약(ANZUS) 체결 ➡
· 1951년
　미일 안전보장조약 체결

1951년 — 이란, 석유 국유화 선언

이란의 모사데크 총리는 영국계 기업인 앵글로
이란 석유회사를 국유화했다.

 한반도에서는 1948년 8월 남쪽에 대한민국, 1948년 9월 북쪽에 조선민주주의인민공화국이 수립되었다. 중국에서는 1949년 중화인민공화국이 세워졌다.

 ❶ 1950년 6월 북한군이 기습 침공하면서 6.25 전쟁이 발발했다. 남한은 미국이 주체인 유엔군이 지원하고, 북한은 중국이 지원하면서 전쟁 규모가 커졌다.

❷ 1953년 7월 휴전 협정을 맺었다.

◆ 한반도의 지도자

대한민국	북한
이승만(1948)	김일성(1948)
박정희(1963)	김정일(1997)
전두환(1980)	김정은(2011)
노태우(1988)	
김영삼(1993)	
김대중(1998)	
노무현(2003)	
이명박(2008)	
박근혜(2013)	
문재인(2017)	
윤석열(2022)	
이재명(2025)	

 ❶ 1949년 국공 내전에서 승리한 마오쩌둥이 중화인민공화국을 건국했다.

❷ 1950년 2월, 미국과 일본을 적국으로 하는 중·소 우호동맹 상호원조조약을 맺고 중국은 사회주의 진영에 속하게 되었다. 소련은 중국에 경제·기술 원조를 진행했다.

❸ 그 대가로 중국은 몽골인민공화국의 독립을 승인했다.

◆ 중국과 소련의 관계

1950년	중·소 우호동맹 상호원조 조약
1956년	스탈린 격하 운동
1962년	쿠바 미사일 위기
1963년	중국과 소련 논쟁 격화
1969년	중국과 소련 국경 분쟁
1972년	중·일 공동성명
1979년	중국–베트남 전쟁
1989년	중국–소련 관계 정상화

 ❶ 1951년 샌프란시스코 강화 조약을 맺고 일본의 주권 회복과 한국의 완전한 독립을 공인했다. 동시에 미일 안전보장조약도 체결하면서 미군의 일본 주둔을 결정했다.

❷ 이 강화 조약은 전면 강화가 아닌 다수 강화 방식으로 소련·폴란드·체코슬로바키아는 조인하지 않았으며 인도·미얀마·유고슬라비아는 불참했고, 중국은 초대받지 못했다.

◆ 미국의 동맹망

1951년	태평양 안전보장조약 (ANZUS)
1951년	미일 안전보장조약
1953년	한미 상호방위조약
1954년	동남아시아 조약 기구 (ANZUS+영국·프랑스·필리핀·태국·파키스탄)
1955년	중동 조약 기구(영국·튀르키예·이란·이라크·파키스탄)

 제2차 산업혁명 이후 석유가 가장 중요한 자원이 되었고, 제2차 세계대전 이전의 최대 산유국은 미국이었다.

 ❶ 1908년 이란에서 중동 최초로 석유를 발견했다. 이를 개발한 영국계 석유회사가 이익을 독점했다.

❷ 1951년 모사데크 총리는 해당 회사를 국유화했지만, 1953년 국왕인 팔라비 2세가 쿠데타를 일으켜 실각했다.

◆ 제2차 세계대전 후의 중동

1945년	아랍 연맹 결성
1948년	중동 전쟁 발발
1951년	이란 모사데크 정권 출범
1952년	이집트 혁명
1958년	레바논 위기 이라크 쿠데타(7.14 혁명)
1963년	이란 백색혁명
1968년	이라크 바트당 독재

한눈에 파악한다! 유럽의 통합

1952년 유럽석탄철강공동체(ECSC)
프랑스·서독·이탈리아·베네룩스 3국이 석탄과 철강을 공동
운영하는 ECSC를 설립했다.

1958년 유럽경제공동체(EEC), 유럽원자력공동체(EURATOM)
ECSC를 모든 경제 분야로 확대한 EEC와 원자력 협동 관리 기관인
EURATOM이 발족했다.

1967년 유럽공동체(EC)
공동체 세 개가 발전적으로 해체되고 EC로 통합되었다.

1973년 확대 EC
EC에 영국·아일랜드·덴마크가 가입했다.

1993년 유럽연합(EU)
유럽 대륙의 정치적 통합을 목표로 EU가 발족했다.

1954년 동남아시아 조약 기구

미국을 중심으로 반공 군사동맹인 동남아시아
조약 기구(SEATO)를 수립했다.

> **더 알아보기**
> ·1967년
> 동남아시아 국가연합
> (ASEAN) ➡

1955년 아시아-아프리카 회의(반둥 회의)

29개국이 참가한 아시아-아프리카 회의(반둥 회의)에서
평화의 정신을 담은 반둥 10원칙을 발표했다.

경과 ❶ 1950년에 프랑스 외무장관인 슈만이 두 번이나 세계대전을 초래한 독일과 프랑스의 관계를 고려하여 양국의 석탄과 철강을 공동 관리하는 방안(슈만 플랜)을 제안하고, 1952년 ECSC가 발족했다.

❷ 이어서 1957년에 로마 조약이 조인되었고 역내 관세 철폐, 역외 공통 관세 적용 등을 정한 EEC, 원자력 공동 관리 기관인 EURATOM이 1958년에 발족했다.

❸ EEC는 눈부신 경제 성장을 이루었고 서유럽 경제는 부흥하여 동유럽을 앞질렀다.

❹ 영국은 여기에 대응하여 1960년 유럽자유무역연합(EFTA)을 결성했다.

❺ 1967년, ECSC·EEC·EURATOM 세 공동체가 합병하여 EC가 발족했다.

❻ 프랑스의 드골은 재임 중 영국의 EEC 가입을 거부했다.

❼ 1973년 영국·아일랜드·덴마크, 1981년 그리스, 1986년 스페인·포르투갈이 EC에 가입했으며 이것이 확대 EC로 발전했다.

❽ 1993년 유럽의 정치·경제 통합을 목표로 EU가 발족했다. 1995년 셍겐 협정으로 회원국 간 출입국이 간소화되었으며 1999년에 통일 화폐인 유로를 도입했다.

경과 ❶ 1954년, ANZUS의 모든 국가(미국·오스트레일리아·뉴질랜드)에 영국·프랑스·필리핀·태국·파키스탄을 포함한 동남아시아 조약 기구(SEATO)를 설립했다.

❷ 1967년 동남아시아 5개국이 ASEAN을 결성했다. 원래는 군사동맹 성격이 강했으나 1971년 중립화를 선언하고 점점 경제 협력 기구의 성격으로 변화했다.

❸ 1999년 캄보디아가 회원국으로 가입하고 총 10개국이 되어 ASEAN10이 되었다.

◆ **개발 독재 체제**
· 냉전 시대에 아시아와 라틴 아메리카에서 시행
· 군부 주도로 근대화를 지향하는 국가 체제

사례
마르코스(필리핀)
수하르토(인도네시아)
박정희(한국)

배경 1954년 4월, 제네바 합의와 함께 열린 콜롬보 회의에서 인도네시아 전쟁의 해결과 아시아-아프리카 회의 개최를 결의했다.

내용 ❶ 1995년 4월, 인도네시아의 반둥에서 아시아-아프리카(AA) 회의를 개최했다.

❷ 네루와 저우언라이의 주도로 반둥 10원칙을 발표했다.

◆ **제3세계의 연대**
1954년 평화 5원칙
① 영토·주권 존중
② 상호 불가침
③ 내정 불간섭
④ 호혜 평등
⑤ 평화 공존
1955년
반둥 10원칙
1961년
비동맹국 정상 회담

1956년   스탈린 격하 운동

소련 공산당 제20회 당 대회에서 흐루쇼프
제1서기가 스탈린을 비판하고 격하 운동을 벌였다.

같은 해

· 1956년
 폴란드 반(反)소련 폭동
 헝가리 반소련 폭동 ➡

1956년   이집트 나세르 대통령 취임

1956년에 나세르 대통령이 취임했고, 그 뒤를 이어 사다트 대통령이 취임했다.

더 알아보기

· 1970년
 사다트 대통령 취임 ➡

1957년   가나 독립

1957년 영국으로부터 가나가 독립했다.

더 알아보기

· 1958년
 기니, 프랑스로부터 독립 ➡

1957년   말라야 연방 독립

1957년 영국으로부터 말라야 연방이 독립했다.

더 알아보기

· 1965년
 싱가포르 독립 ➡

배경 1955년 7월 미국·영국·프랑스·소련이 참석한 제네바 정상회담에서 냉전 시대의 긴장이 완화될 움직임을 보였다.

경과 ❶ 1956년 2월, 흐루쇼프가 스탈린의 독재를 비판하고 평화 공존을 발표했다. 이에 코민포름은 해산했다.
❷ 1956년 6월에 폴란드에서, 10월에는 헝가리에서 시위가 일어났으나 진압되었다.

◆ 스탈린 격하 운동과 동유럽 국가

폴란드
1956년 포즈난 시위
→ 고무우카가 수습

헝가리
1956년 헝가리 혁명
→ 소련군 개입, 너지 총리 체포 및 처형

루마니아
1956년 독재 노선 전개

경과 ❶ 1952년, 나기브와 나세르 등의 자유 장교단이 쿠데타를 일으켜 1953년 이집트 공화국이 탄생했다.
❷ 나세르 치세에 제2차·제3차 중동 전쟁이 벌어졌다.
❸ 1970년 사다트가 대통령이 되고 제4차 중동 전쟁을 벌였다. 1979년 이스라엘과 평화조약을 맺었지만, 1981년 무슬림 형제단에 암살되었다.

◆ 현대 이집트사

제1차 세계대전 이후
와프드당이 독립 운동 개시
1922년 입헌 왕국 성립
1945년 아랍 연맹 결성
1952년 이집트 혁명
1956년 나세르 대통령 취임
→ 제2차·제3차 중동 전쟁
1970년 사다트 대통령 취임
1981년 무바라크 대통령 취임

경과 ❶ 1950년대 북아프리카 국가들이 이탈리아·프랑스·영국으로부터 독립했다.
❷ 사하라 이남 아프리카에서는 1957년에 은크루마의 주도로 첫 흑인 공화국 가나가 영국으로부터 독립했다.
❸ 1958년에는 프랑스로부터 기니가 독립했다.
❹ 1960년에 사하라 이남의 17개국이 독립했으며 이때를 '아프리카의 해'라고 부른다.
❺ 1963년 아프리카 통일 기구(OAU)를 결성했다.

◆ 아프리카 여러 나라의 독립

1951년 리비아 독립
1956년 모로코·튀니지·수단 독립
1957년 가나 독립(첫 흑인 공화국)
1958년 기니 독립
1960년 카메룬, 토고, 코트디부아르, 가봉 등 17개국 독립
1962년 알제리 독립
1975년 앙골라 독립

경과 ❶ 1957년 말레이계·중국계·인도계 주민이 말라야 연방을 구성하고 영국으로부터 독립했다.
❷ 1963년 싱가포르와 북보르네오(사바) 등이 참여하여 말레이시아 연방이 탄생했다. 인도네시아는 이에 반발하며 UN을 탈퇴했다.
❸ 말레이시아 연방의 말레이족 우대에 반발한 중국계 세력은 1965년 싱가포르로 분리 독립했다.

◆ 믈라카해협 관련사

1세기 아라비아해의 계절풍 발견
2세기 항구 국가 성립
7세기 믈라카해협 항해 루트 발견
8세기 무슬림 상인 활약
10세기 중국 상인 활동
14세기 믈라카 왕국 성립
16세기 유럽 상인 활동

1958년   드골 내각 출범

알제리 문제로 프랑스에서 드골 내각이 출범하고
제5공화국 헌법을 제정했다.

같은 해

· 1958년
중국, 대약진 운동 및
인민공사 창설

한눈에 파악한다!   중동 전쟁

1948년   **제1차 중동 전쟁(팔레스타인 전쟁)**
이스라엘 건국 당시 아랍 국가들이 전쟁을 선포했다. 그 결과
이스라엘이 승리하고 영토를 확장했다.

1956년   **제2차 중동 전쟁(수에즈 전쟁)**
이집트 대통령 나세르가 수에즈 운하 국유화를 선언하자 이스라엘과
영국·프랑스군이 침공했다.

1967년   **제3차 중동 전쟁(6일 전쟁)**
이스라엘이 선제공격하고 시나이반도 등을 점령하며 영토를 4배 이상
넓혔다.

1973년   **제4차 중동 전쟁(10월 전쟁)**
이집트·시리아군이 선제공격하고 아랍석유수출국기구(OAPEC)가
석유를 무기화하며 제1차 석유 파동(오일 쇼크)이 발생했다.

1961년   비동맹국 정상 회담

동서 진영 어느 쪽에도 속하지 않은 제3세계 국가들이 베오그라드에서 정상
회담을 진행했다.

 ❶ 1958년 5월 알제리에서 반란이 발발하자 정부는 드골을 총리로 임명했다.

❷ 그는 국민 투표로 제5공화국 헌법을 제정하고 대통령 자리에 올랐다.

❸ 1962년 에비앙 협정을 맺고 알제리 독립을 승인했다.

❹ 핵 개발, 중국 승인, NATO 탈퇴 등 독자 외교 정책을 펼쳤다.

◆ 드골 내각

1940년 런던으로 망명해 자유 프랑스 정부 수립 (비시 정부와 대립)

1958년 총리 취임

1959년 대통령 취임

1960년 핵실험 성공

1962년 알제리 독립

1964년 중국 승인

1966년 NATO 탈퇴

경과 ❶ 1947년 UN은 유대인 측에 유리한 팔레스타인 분열안을 채택했다.

❷ 1948년 5월 유대 국가인 이스라엘을 수립했다. 이에 반대하는 아랍 국가들과 이스라엘이 제1차 중동 전쟁을 벌였다.

❸ 1956년 미국과 영국 등 서방 국가들이 아스완댐의 건설 자금 지원을 거부했다. 그러자 이집트 대통령 나세르는 수에즈 운하 국유화를 선언했다. 이에 이스라엘군이 이집트를 공격하고, 영국과 프랑스도 개입하면서 제2차 중동 전쟁이 발발했다. 소련이 이집트 지원을 발표하고 UN도 중재를 결의하자 영국·프랑스·이스라엘은 철수했다.

❹ 1964년 팔레스타인 해방 기구(PLO)를 결성하고 1969년 아라파트가 의장으로 취임했다.

❺ 1967년 이스라엘이 선제공격으로 6일간 압승을 거두면서 시나이반도·요르단강 서안·가자·골란고원 등을 점령하며 영토를 4배 이상 확장했다.

❻ 1973년 10월 이집트·시리아군이 선제공격으로 전선에서 승리를 거뒀으나 이스라엘이 반격하여 같은 달 정전했다. 이때 OAPEC이 석유를 무기화하는 전략을 발동하면서 제1차 석유 파동이 발생했다.

배경 아시아·아프리카의 신흥 독립국들은 동서 대립 양상에 휩쓸릴 위험에 처했다.

경과 ❶ 1948년 인도의 네루는 동서 어느 진영에도 참여하지 않겠다고 선언했다.

❷ 1961년 유고슬라비아의 베오그라드에 네르, 티토, 나세르, 은크루마 등 제3세계 25개국의 정상이 모여 서로의 결집을 도모했다.

◆ 유고슬라비아

유고슬라비아란?

= 남슬라브의 국가라는 뜻

제2차 세계대전 후 티토가 정의

→ 티토 사후 민족 간 대립 격화

'6개의 공화국, 5개의 민족, 4개의 언어, 3개의 종교, 2개의 문자로 이루어진 하나의 국가'

1959년 쿠바 혁명

피델 카스트로는 체 게바라와 함께 친미 성향의
바티스타 정권을 무너뜨리고 쿠바 혁명에 성공했다.

같은 해

· 1959년
티베트 반중국 봉기
→ 중국·인도 국경 분쟁 ➡

1962년 쿠바 미사일 위기

쿠바에 소련의 미사일 기지를 건설하는 문제로 핵전쟁의 위기가 찾아왔다.

같은 해

· 1962년
알제리 독립 ➡

1963년 아프리카 통일 기구(OAU)

1963년에 32개국이 아프리카 통일 기구를 설립했다.

더 알아보기

· 2002년
아프리카 연합(AU) 창설 ➡

1964년 민권법 제정

존슨 대통령 시기에 미국에서 인종차별을 금지하는
민권법이 만들어졌다.

같은 해

· 1964년
소련 브레즈네프 제1서기
취임(1966년부터 서기장) ➡

경과 ❶ 1959년 1월 카스트로는 쿠바 혁명을 성공으로 이끌었다.

❷ 그 뒤 토지 개혁을 단행하고 미국계 자산 몰수 및 국유화를 진행하자 1961년 1월 미국의 아이젠하워 대통령은 쿠바와 국교를 단절했다.

❸ 1961년 5월 카스트로는 사회주의 선언을 발표하고 미국과의 대립 구도를 강화했다.

◆ **티베트사**
당나라 시기: 토번 왕국
청나라 시기: 번부

1913년
티베트·몽골 상호승인조약
→ 중화민국에 대항

1959년
티베트 봉기
→ 중국·인도 국경 분쟁

경과 ❶ 1962년 10월 미국 대통령 케네디는 쿠바에서 소련이 지원한 미사일 기지를 발견하고 철거를 요구했다.

❷ 케네디는 쿠바 해상 봉쇄를 진행했고, 소련 흐루쇼프의 양보로 전면 핵전쟁의 위기를 모면했다.

영향 ❶ 1963년 미국·소련·영국은 부분적 핵실험 금지 조약을 맺고 핵무기 관리를 강화했다.

❷ 중국은 소련에 반발하고 대립했다.

◆ **알제리사**
1830년 프랑스의 침략
→ 압델카데르의 항쟁
1954년 알제리 전쟁
프랑스계(콜론) vs 민족해방 전선(FLN)
→ 제4공화국의 혼란
→ 드골 대통령 취임
1962년 에비앙 협정
→ 알제리 독립 승인

경과 ❶ 아프리카 대륙에서 1957년 가나가 독립했고, 1960년에는 17개국이 독립하면서 '아프리카의 해'라고 불렸다.

❷ 1963년 에티오피아에서 정상회담이 열리고 32개국을 원가맹국으로 한 아프리카 통일기구(OAU)를 창설했다.

❸ 2002년에 아프리카 연합(AU)으로 발전하고 세계 최대급의 지역 기구로 성장했다.

◆ **아프리카 연합 형성 과정**

카사블랑카 그룹
(가나 중심·범아프리카주의)
몬로비아 그룹
(친서방)

1963년 아프리카 통일 기구(OAU)

2002년 아프리카 연합(AU)

배경 노예 해방 선언 이후에도 흑인 차별은 계속 이어졌다. 1960년대에는 흑인 인구의 45퍼센트가 북부에 살았다.

경과 ❶ 1950년대 몽고메리 버스 보이콧 운동이 발생하고 마틴 루터 킹 목사가 비폭력 운동을 전개했다. 이 운동은 미국 전역으로 퍼졌고, 백인의 반발도 거세졌다.

❷ 1964년 공공장소에서 차별·격리를 금지하는 민권법을 만들었으나 여전히 차별이 잔존했다. 이에 급진적 흑인 민권 운동인 블랙파워 운동이 대두했다.

◆ **브레즈네프 관련사**
1964년~1982년
공산당 제1서기 재임
1968년
체코에 군사 개입
브레즈네프 독트린
1969년
중국·소련 국경 분쟁
1979년
아프가니스탄 침공

세기

BC
1
2
3
4
5
6
7
8
9
10
11
12
13
14
15
16
17
18
19
20
21

1968년 프라하의 봄

체코슬로바키아에서 민주화 운동이 벌어졌지만, 소련군이 개입하면서 좌절되었다.

같은 해

·1968년
프랑스 68 운동(5월 위기) ➡

1971년 닉슨 쇼크

닉슨 대통령은 금과 달러의 교환 정지를 발표하고 금본위제를 포기했다. 이에 브레턴우즈 체제가 붕괴했다.

같은 해

·1971년
중화인민공화국, 유엔 대표권 회복
중화민국(대만)의 대표권 상실

1972년 닉슨 방중

미국의 닉슨 대통령이 중국을 방문하면서 미국과 중국 관계가 개선되었다.

더 알아보기

·1972년
오키나와, 일본으로 반환 ➡

1973년 파리 평화 협정

1973년 1월 베트남과 미국이 파리에서 평화 협정을 맺고 미군은 베트남에서 퇴각했다. 1976년 베트남에 사회주의 공화국이 들어서고 1995년 미국과 국교를 회복했다.

`경과` ❶ 1968년 체코슬로바키아에서 노보트니가 실각하고 개혁파인 둡체크가 제1서기로 취임했다.
❷ 둡체크는 '인간의 얼굴을 한 사회주의'를 내세웠고, 바출리크를 비롯한 시민들은 1968년 6월 '2000어 선언'을 발표했다.
❸ 민주화 운동에 맞서 1968년 8월 소련·동유럽 4개국 군이 체코슬로바키아를 침공했고, 1969년 둡체크의 뒤를 이어 친소련 성향인 후사크가 제1서기로 취임했다.

◆1960년대의 혁명(68년 혁명)
세계 각지에서 일어난 청년들의 반란
= 권위에 대한 반항

프랑스: 68 운동(5월 위기)
체코: 프라하의 봄
중국: 문화대혁명
미국: 반전 운동·반문화
　　　　(counterculture) 유행
중남미: 해방 신학 대두
일본: 대학 투쟁

`배경` 미국 재정은 베트남 전쟁으로 악화했고 일본과 유럽의 경제 성장으로 무역수지도 100년 만에 적자로 전환했다.
`경과` ❶ 1971년 8월 닉슨 대통령은 금과 달러 교환 정지, 수입과징금 10% 도입 등의 경제 정책을 발표했다.
❷ 달러를 기축통화로 하는 브레턴우즈 체제가 붕괴하고, 1973년 이후 주요국은 변동 환율 체제로 이행한다.

◆제2차 세계대전 이후의 세계 경제
팍스 아메리카나(Pax Americana)
달러를 기축통화로

1971년　닉슨 쇼크
　　　　→스미소니언 협정
1973년　변동 환율 체제
　　　　→세계 경제는 미국·유럽·
　　　　　일본의 3강 구조로 전환

`배경` 닉슨은 베트남 전쟁 종결을 노리고 소련 및 중국과의 관계 개선을 꾀했다.
`경과` ❶ 1971년 미국의 보좌관 키신저가 베이징에서 조정을 시작했다. 이듬해 닉슨이 방중하면서 미국과 중국의 관계가 개선되었고 1979년 미국과 중국의 국교가 정상화되었다.
❷ 1972년에는 일본의 다나카 가쿠에이 일본 총리가 방중하면서 중국과 일본의 국교가 정상화되었다. 한국은 1992년에 중국과 국교를 회복했다.

◆오키나와사
15세기　쇼하시가 류큐 통일
16세기　명나라와 조공 무역(믈라카
　　　　　왕국 및 아유타야 왕조, 일본
　　　　　등과 활발한 교역)
1609년　시마즈의 침입
1872년　류큐 번으로 편입
1879년　오키나와현으로 편입
1972년　오키나와 반환

`경과` ❶ 1969년 미국 닉슨 대통령은 베트남 전쟁에서 단계적으로 병력을 철수하겠다는 의사를 표명했다.
❷ 1970년 미군은 캄보디아 지역을 공격하고, 이듬해에는 라오스까지 전쟁이 확대되었다.
❸ 1973년 파리 평화 협정에 조인하면서 베트남 전쟁이 끝났다.
❹ 1975년 북베트남과 해방 전선이 사이공(현 호찌민시)을 침략하고 이듬해 남북 통일을 선언했다.

◆미국과 중국의 관계 변화
1960년대의 국제적 고립
　미국: 베트남 전쟁
　중국: 중국·소련 대립
1960년대의 국내 혼란
　미국: 전쟁비 부담·반전 운동
　중국: 문화대혁명
　　　　↓
양국이 서로 접근, 1979년 국교 정상화

1976년 · 제1차 천안문 사태

1976년 4월, 베이징 천안문 광장에서 시민과 공안이 충돌하고 무력으로 진압하는 사건이 발생했다.

더 알아보기
- 1989년
  제2차 천안문 사태

1978년 · 덩샤오핑의 개혁·개방

1978년 중국의 덩샤오핑이 개혁·개방 정책을 시행했다.

같은 해
- 1978년
  베트남, 캄보디아 침공 ➡

1979년 · 소련, 아프가니스탄 침공

1979년, 소련이 아프가니스탄을 침공했다.

같은 해
- 1979년
  중국-베트남 전쟁

1979년 · 이란 혁명

1925년 수립된 팔라비 왕조의 이란은 1979년 혁명으로 이란 이슬람 공화국이 되었다.

더 알아보기
- 1925년
  이란에서 팔라비 왕조 수립

경과 ❶ 1976년 4월, 서거한 저우언라이를 추모하기 위해 모인 시민과 공안이 충돌했다. 사건 이후 덩샤오핑이 실각했다.

❷ 1989년 6월, 후야오방 추모 집회를 시작으로 학생들이 민주화 운동을 전개했다. 정부는 계엄령을 내리고 무력으로 진압했다. 사건 이후, 당시 복권되어 최고지도자였던 덩샤오핑에 의해 자오쯔양이 실각하고 장쩌민이 총서기가 되었다.

◆ 현대의 중국 ②

1976년	저우언라이·마오쩌둥 서거
	문화대혁명 4인방 체포
1978년	4대 현대화
	중일 평화우호조약
1979년	중국–베트남 전쟁
1981년	후야오방 국가주석 취임
1982년	인민공사 해체
1993년	장쩌민 국가주석 취임
2001년	WTO 가입

배경 저우언라이는 1964년 중국의 '4대 현대화'를 제창했고, 덩샤오핑이 정책을 시행했다.

경과 ❶ 덩샤오핑은 마오쩌둥 사후인 1977년에 복권되어 1978년 개혁·개방 노선을 걸었다.

❷ 1979년 미국의 카터 대통령과 국교를 수립하고 1982년 인민공사를 해체하면서 사회주의 시장경제 체제를 개시했다.

❸ 경제 개방을 진행하는 한편 공산당 일당 독재는 유지했으며, 천안문 사태가 발발했다.

◆ 현대 캄보디아사

1953년	독립
	시아누크 국왕
1970년	쿠데타
	→ 론 놀 집권(미국의 지원)
1975년	민주 캄푸치아
	→ 폴 포트 집권(중국의 지원)
1978년	베트남군이 침공
	→ 헹 삼린 주석 취임
1993년	캄보디아 왕국(왕정 복고)

경과 ❶ 1973년 아프가니스탄에서 쿠데타가 발생하여 왕정에서 공화정이 되었다.

❷ 1978년 쿠데타로 공산 정권이 세워졌지만, 곧바로 이슬람 세력이 대두했다.

❸ 1979년 소련이 군사 침공하고 친소련 정권을 수립했다. 하지만 이슬람 측이 게릴라전에서 저항을 계속하자 고르바초프 집권기인 1989년에 소련군이 퇴각했다.

◆ 중국 관련 분쟁

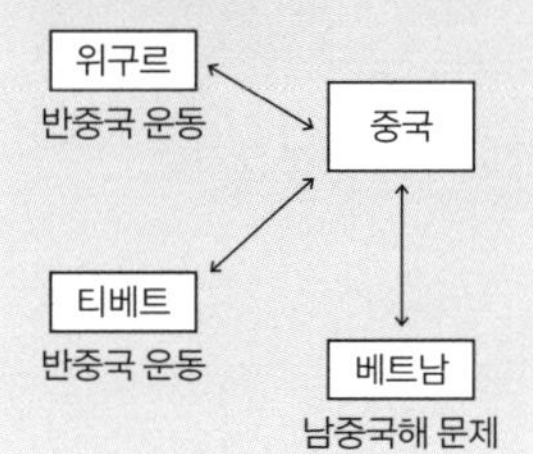

경과 ❶ 모사데크 타도 후, 팔라비 왕조는 미국과 결탁하고 팔라비 2세 국왕 아래 서구화를 진행했다.

❷ 1978년 폭동이 발생하고 왕은 망명했다. 호메이니는 귀국하여 1979년 혁명 정부를 수립했다.

❸ 새 정권은 이슬람을 국가 원리로 삼고 석유를 국유화했으며, 유럽·미국과의 대결 구도를 강화했다.

◆ 이슬람 부흥 운동

제2차 세계대전 이후
민족주의 운동 고양
세속주의 확대

1960년대 이후
세속주의와 미국의 지배에 반발, 이슬람의 교리를 엄격히 적용하는 부흥 운동 대두
→ 이란 혁명으로 고조

세기 → BC 1 2 3 4 5 6 7 8 9 10 11 12 13 14 15 16 17 18 19 20 21

1980년 — 5.18 민주화 운동

1980년, 한국의 전라남도 광주시에서 민주화 운동이 발생했으나 군부가 진압했다.

같은 해

· 1980년
이란-이라크 전쟁
폴란드 최초의 자유노조
'연대' 결성

1982년 — 포클랜드 전쟁

아르헨티나가 영국과 영유권 분쟁을 벌이며 포클랜드제도를 기습 침공하자 영국은 전쟁을 선포했다.

더 알아보기

· 1983년
미국, 그레나다 침공

한눈에 파악한다! — 핵 군축을 위한 세계의 노력

1963년	부분적 핵실험 금지조약(PTBT)
1968년	핵확산금지조약(NPT)
1969년	전략무기제한협정(SALT)
1987년	중거리핵전력조약(INF)
1991년	전략무기감축협정(START)

경과 ❶ 1979년 박정희 대통령이 암살당하고 민주화 운동이 활발해지자 전두환이 군부 쿠데타를 일으켰다. 전국에 계엄령이 발포되고 야당 지도자인 김대중은 체포되었다.

❷ 1980년 광주에서 시민들의 민주화 시위가 커지자 계엄군이 시를 포위하고 시위를 무력 진압했다.

❸ 1997년 전두환은 광주에서의 무력 진압과 쿠데타로 무기징역형을 선고받았으나 이후 사면받았다.

◆ 이란과 이라크

이란	이라크
아케메네스 왕조 기원	수메르 문명의 우루크가 기원
인도·유럽어파	셈어파
시아파 12이맘파	수니파 시아파 12이맘파

배경 포클랜드제도는 아르헨티나가 독립할 때 영유권을 주장했으나 1833년 이후 쭉 영국이 실효지배하고 있었다.

경과 ❶ 1982년 4월에 아르헨티나군이 포클랜드제도를 침공하여 점령했다.

❷ 영국의 대처 총리는 무력 반격을 개시했고, 7월에 전쟁에서 승리했다.

참고 1983년 미국의 레이건 대통령은 친소련 성향의 그레나다를 침공했고, 그레나다 정권이 교체되었다.

◆ 현대 라틴 아메리카

1970년
  칠레에 아옌데 사회주의 정권 수립

1973년
  칠레에서 쿠데타 발생

1979년
  니카라과 혁명
  그레나다 좌익정권 수립

1989년
  미국이 파나마 침공

경과 ❶ 쿠바 위기 이후 미국과 소련 두 나라는 핵무기 제한이라는 공통의 목표가 생겼다.

❷ 1963년 미국·영국·소련 세 나라는 부분적 핵실험 금지조약(PTBT)에 조인했다. 하지만 조약에서 지하 실험은 금지하지 않았다. 아직 핵무기 제조에 참여하지 않은 중국과 프랑스는 이에 반대하고 조인하지 않았다.

❸ 1968년에는 핵확산금지조약(NPT)을 조인했다. 이 조약은 현재 핵을 보유하고 있는 5개국 이외의 핵 보유를 금지하고 국제 원자력 기관이 감시해야 한다는 내용을 담고 있다. 중국과 프랑스는 1992년에 가입했다.

❹ 1969년, 미국과 소련은 전략무기제한협정(SALT)을 맺고 1972년에 5년의 기한을 둘 것에 합의했다. 그 후 1972년 SALT II의 교섭을 시도했으나 소련의 아프가니스탄 침공으로 소멸했다.

❺ 1987년, 미국과 소련은 중거리핵전력조약(INF)에 조인했다. 이 조약에서 사정거리 500~5500km(미국과 소련의 국경 거리) 범위의 핵무기를 폐기하기로 합의했다.

❻ 1991년, 핵무기 소멸을 지향하는 전략무기감축협정(START)에 미국과 소련 정상이 조인했다. SALT가 핵무기 상한 협정이라면, START는 현재 보유한 핵병기를 없애는 것이다. 이후 START II도 조인했으나 시행되지는 않았다.

1985년 　고르바초프 서기장 취임

고르바초프가 공산당 서기장으로 취임하고 1986년부터
페레스트로이카(개혁)를 시작했다.

같은 해
· 1985년
　플라자 합의

1989년 　몰타 회담

미국 부시 대통령과 소련 고르바초프 서기장이
냉전 종결을 선언했다.

같은 해
· 1989년
　동유럽 혁명→
　동유럽 사회주의 붕괴 ➡

1991년 　소련 붕괴, CIS 탄생

러시아·우크라이나·벨라루스가 독립국가연합(CIS)을 창설하고
소련은 소멸했다.

같은 해
· 1991년
　걸프 전쟁

1992년 　마스트리흐트 조약

유럽 통합을 목표로 유럽공동체(EC) 12개국이 마스트리흐트 조약을 체결했고,
1993년 발효하면서 유럽연합(EU)이 출범했다.

 ❶ 1985년 고르바초프가 서기장으로 취임하고 페레스트로이카를 개시했다.

❷ 1990년 대통령이 된 고르바초프는 복수정당제를 도입하고 공산당 독재를 포기했다.(공산당 해체는 아님)

❸ 시장경제 체제 도입도 시도했으며, 소련 대개혁의 영향으로 1989년 동유럽 국가들 사이에서 혁명이 발생하고 동유럽의 사회주의권이 해체되었다.

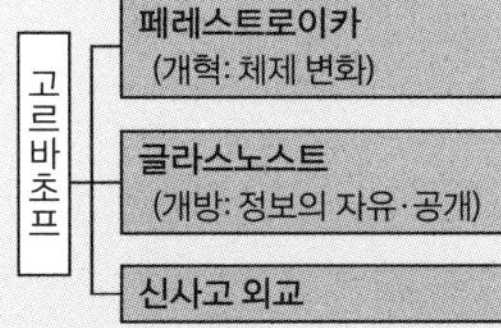

◆ 고르바초프의 국내 정치

고르바초프
- 페레스트로이카 (개혁: 체제 변화)
- 글라스노스트 (개방: 정보의 자유·공개)
- 신사고 외교

1988년 신(新)베오그라드 선언
(브레즈네프의 제한주권론 부정)

경과 ❶ 고르바초프는 냉전 긴장 완화를 노리고 신사고 외교를 전개했다.

❷ 1988년 동유럽 사회주의 정권에 개입하는 브레즈네프 독트린을 포기하는 '신베오그라드 선언'을 발표했다. 이는 1989년 동유럽 혁명의 계기가 되었다.

❸ 1988년 아프가니스탄에서 철수하고 1989년에는 중국과 소련 관계를 정상화했다.

❹ 1989년 부시 대통령과 몰타 회담을 열고 냉전 종결을 선언했다.

◆ 혁명 후의 동유럽

동독: 1990년 서독으로 편입
폴란드: 1990년 바웬사 대통령 취임
체코슬로바키아: 1993년 연방 해체 후 체코와 슬로바키아로 분리
구유고슬라비아 연방: 1991년 연방 해체 및 내전 발발, 1992년 유고슬라비아 연방공화국(신유고 연방) 수립
루마니아: 1989년 차우셰스쿠 대통령 부부 처형

경과 ❶ 1991년 러시아 공화국의 옐친이 고르바초프 체제를 비판했다.

❷ 1991년 8월, 공산당 보수파의 쿠데타를 옐친이 진압하면서 소련 공산당 해체가 가속화되었다.

❸ 1991년 12월 러시아·우크라이나·벨라루스가 CIS를 창설하고 소련은 소멸했다.

◆ 독일 통일

1945년 독일, 무조건 항복
1948년 베를린 봉쇄
1949년 동서독 성립
1961년 베를린 장벽 설치
1973년 동서독, UN 동시 가입
1989년 베를린 장벽 붕괴
　　　　　몰타 회담
1990년 동서독 통일

경과 ❶ 1980년대 세계적 불황에서 유럽은 미국과 일본보다 대응이 늦었다.

❷ 1992년 유럽 통화위기가 발생했다.

❸ 경제뿐만 아니라 정치적으로도 통합의 필요성이 대두했다.

❹ 1999년 지역 내 공통화폐인 유로를 도입했다.

❺ 프랑스와 네덜란드는 2005년에 EU 헌법안 승인을 거부했다.

◆ EU의 출범까지

1967년 유럽공동체(EC) 출범(6개국)
1973년 영국·아일랜드·덴마크 가입
1981년 그리스 가입
1986년 스페인·포르투갈 가입
1993년 유럽연합(EU) 출범

1993년 오슬로 협정

1993년 이스라엘과 팔레스타인 해방 기구(PLO)가
노르웨이의 중재로 처음으로 평화 교섭에 합의했다.

1997년 아시아 금융 위기

1997년, 태국 화폐인 바트 급락을 계기로 아시아 국가들의 화폐 가치가
하락하고 금융 위기가 찾아왔다.

1997년 교토 의정서

세계 각국이 교토에서 회의를 열고
지구 온난화 문제에 대응하여 국가별 목표치를
설정했다.

더 알아보기
·1992년
 리우 회의
 (유엔환경개발회의) ➡

1997년 홍콩, 중국에 반환

1997년 7월, 영국에서 중국으로 홍콩이 반환되고
1국가 2체제가 이루어졌다.

더 알아보기
·1999년
 마카오, 포르투갈에서
 중국으로 반환

경과 ❶ 1993년 비밀리에 교섭을 진행한 노르웨이의 중재로 팔레스타인과 이스라엘이 평화 교섭에 합의했다.
❷ 그 내용은 팔레스타인의 잠정 자치를 인정하고 미래적으로 이스라엘과 팔레스타인 국가가 공존하는 양국 방안이었다.
❸ 합의를 제안받자 미국도 PLO를 승인했고, 팔레스타인 잠정 자치 협정에 이스라엘의 라빈 총리와 아라파트 PLO 의장이 미국 클린턴 대통령의 중재로 조인했다.

◆ **중동 전쟁 관련사**

1948년	제1차 중동 전쟁 발발
1956년	제2차 중동 전쟁 발발
1967년	제3차 중동 전쟁 발발
1973년	제4차 중동 전쟁 발발
1974년	PLO, UN 참관국 지위 부여
1979년	이집트·이스라엘 평화 조약
1993년	오슬로 협정

경과 ❶ 1985년 플라자 합의 이후 일본의 동남아시아 투자가 늘어났다. 특히 태국은 투자 열기가 과열되면서 버블 경제로 이어졌다.
❷ 1997년 투자자들이 태국 바트를 한꺼번에 팔아버리자 화폐 가치가 폭락했다. 이 여파가 말레이시아·인도네시아·한국까지 이어졌다.
❸ 태국과 한국은 국제통화기금(IMF)의 관리를 받게 되었고, 인도네시아에서는 수하르토 퇴진의 원인이 되었다.

◆ **국제 분쟁**

카슈미르 영유권 분쟁
 인도 vs 파키스탄

바스크 독립 운동
 스페인으로부터의 바스크 독립 분쟁

쿠르드 문제
 세계 최대 소수민족인 쿠르드족이 민족 국가 건설 열망

경과 ❶ 1992년 리우데자네이루에서 유엔환경개발회의가 열렸고, '지속 가능한 개발'이라는 슬로건과 의제 21(Agenda 21)이라는 행동 지침을 제창했다.
❷ 1997년에는 교토에서 회의가 열렸고 온실가스 감축을 국가별로 의무화했다.
❸ 2001년 교토 의정서에서 미국이 탈퇴했으나 55개국의 승인으로 발효되었다.

◆ **과학 기술의 진보**

1946년	컴퓨터 에니악(ENIAC) 발명
1953년	DNA 구조 해명
1957년	인공위성 스푸트니크 발사
1961년	가가린, 우주 비행에 성공
1969년	아폴로 11호, 달 표면 착륙
1990년대	인터넷 보급으로 IT 혁명 진행
2003년	인간 게놈 해독

배경 영국은 1842년 난징 조약으로 홍콩섬, 1860년 베이징 조약으로 구룡(가우룽)반도 남부를 할양받아 이 신계(新界) 지역을 1898년부터 99년간 조차했다.
경과 ❶ 1984년 덩샤오핑과 대처의 중국·영국 공동선언에서 3개 지역을 일괄 반환하고 50년간 현 상태를 유지하는 1국가 2체제를 결정했다.
❷ 1997년 홍콩이 중국으로 반환되었다.

◆ **아시아의 경제 성장**

일본: 1955년~
신흥경제지역(NIES):
 한국·대만·홍콩·싱가포르(1970년대~)
ASEAN:
 동남아시아 국가, 특히 싱가포르 (1970년대 후반~)
BRICS:
 브라질·러시아·인도·중국·남아프리카 공화국(2000년대~)

한눈에 파악한다! 미국의 주요 대통령

1961년 **민주당 케네디 대통령 취임(1961~1963)**
쿠바 위기가 발생했으며, 댈러스에서 암살당했다.

1969년 **공화당 닉슨 대통령 취임(1969~1974)**
닉슨 쇼크, 워터게이트 사건으로 사임했다.

1981년 **공화당 레이건 대통령 취임(1981~1989)**
'강한 미국'을 표방했으며, 무역수지와 재정수지 동시 적자인 쌍둥이
적자가 발생하여 세계 최대 채무국이 되었다.

1989년 **공화당 부시 대통령 취임(1989~1993)**
몰타 회담을 진행하고 걸프 전쟁을 개시했다.

한눈에 파악한다! 소련·러시아의 지도자들

1953년 흐루쇼프 제1서기 취임(1953~1964)

1964년 브레즈네프 제1서기 취임(1964~1982)

1985년 고르바초프 서기장 취임(1985~1991)

2000년 푸틴 대통령 취임(2000~2008, 2012~)

❶ 제2차 세계대전 이후 미국은 군사대국화를 진행했고, 6.25 전쟁 참전 후에는 군비를 한층 더 늘렸다.

❷ 1961년 1월 아일랜드계인 케네디가 대통령으로 취임하자 5월 쿠바는 사회주의 선언을 냈다. 1962년 쿠바 위기를 수습한 이후 미국과 소련은 관계 개선을 꾀했다.

❸ 호조였던 미국 경제는 전쟁과 복지 비용으로 악화했고, 1969년 민주당에서 공화당의 닉슨 대통령으로 정권이 교체되었다.

❹ 닉슨은 베트남 전쟁을 인도차이나 전 지역으로 확대하고 전쟁 비용을 늘려 재정을 더욱 악화시켰다. 1974년 민주당 본부 도청이 발각되고 닉슨은 임기 도중 사임했다.(워터게이트 사건)

❺ 1970년대의 닉슨 쇼크와 석유 파동으로 세계 경제가 혼란에 빠지고, 미국은 1971년 무역수지가 적자로 전락했다.

❻ 1981년 레이건 정권은 감세와 규제 완화로 '작고 강한 정부'를 지향하는 한편 군비를 확장했다. 그러자 재정 적자와 무역 적자가 동시에 나타나는 쌍둥이 적자가 발생하고 상황이 악화하면서 1985년에는 세계 최대의 채무국이 되었다.

❼ 1989년 부시 대통령이 냉전 종결을 선언했다.

❽ 1990년대가 되자 정보 산업 호황, 경제 개혁으로 미국으로의 투자가 증가하고 경제 수지가 개선되면서 미국이 주도하는 세계화가 진행되었다.

---

❶ 1953년 제1서기가 된 흐루쇼프는 스탈린을 비판하고 평화 공존 노선을 밝혔다. 소련의 수상으로서는 처음으로 미국을 방문했다.

❷ 1960년에 U2 격추 사건이 일어나고 1962년에는 쿠바 미사일 위기가 발생하면서 양국 간의 긴장이 고조되었다. 소련은 교섭을 이어갔으나 흐루쇼프는 해임당했다.

❸ 1964년에 제1서기(1966년 서기장으로 개칭)가 된 브레즈네프는 미국과의 긴장 완화를 모색하는 한편, 제한주권론을 내걸고 동유럽에 압력을 가했다. 1969년에는 중국과 무력 충돌했고 1979년에는 아프가니스탄을 침공했다.

❹ 국내에서 산업 부진이 이어지고 아프가니스탄 침공으로 재정이 악화하자, 1985년 서기장이 된 고르바초프는 개혁 정책인 페레스트로이카를 시행했다.

한눈에 파악한다!

중국의 지도자들

1989년　장쩌민 총서기 취임(1989~2002)

2002년　후진타오 총서기 취임(2002~2012)

2012년　시진핑 총서기 취임(2012~)

❶ 1981년 덩샤오핑을 중심으로 한 지도부는 개혁·개방 노선을 걸었으나, 천안문 사태로 민주화 운동을 탄압하고 1989년에 장쩌민을 총서기로 임명했다.

❷ 중국은 외국의 투자를 받아들이고 풍부한 노동력을 활용하여 수출에 중점을 두었다. 이에 힘입어 1990년대에는 세계 최고 수준의 경제 성장을 이루었다.

❸ 1995년에 장쩌민은 일본을 강력히 비판했으며, 1997년 홍콩이 반환되자 1국가 2체제 방식을 택했다. 2000년에는 서부 개척도 진행했다.

❹ 21세기에 빈부 격차가 점점 심해졌고, 2002년에 총서기가 된 후진타오는 이 격차를 좁히기 위해 노력했다. 2008년에는 베이징 올림픽을 개최했다.

❺ 2012년 시진핑이 총서기로 취임했다.

1	동영상을 전파로 보내는 기술로 제2차 세계대전 이후 실용화가 진행된 것은?	1	텔레비전 방송
2	1960년 이후 미국에서 퍼진 젊은이들이 주도한 체제 반대운동은?	2	반문화(카운터컬처)
3	《수용소 군도》로 알려진 노벨문학상을 받은 소련의 작가는?	3	알렉산드르 솔제니친
4	원주민 문화의 영향을 받아 벽화 운동으로 활약한 멕시코의 화가는?	4	다비드 시케이로스
5	다양한 민족의 독자성을 존중하고 공존에 중점을 두는 사상은?	5	다문화주의
6	정부가 적극적인 경제 개입을 주장한 영국의 경제학자는?	6	존 메이너드 케인스
7	'무함마드 없이 샤를마뉴(카롤루스)도 없다'라고 주장한 역사가는?	7	앙리 피렌
8	야수파의 대표 격으로 활약한 프랑스의 화가는?	8	앙리 마티스
9	'사그라다 파밀리아'를 건축한 스페인의 건축가는?	9	안토니오 가우디
10	수프 통조림이나 마릴린 먼로의 그림으로 알려진 팝 아티스트 예술가는?	10	앤디 워홀
11	〈위대한 독재자〉 등의 영화로 알려진 영국 출신 배우는?	11	찰리 채플린
12	1962년에 데뷔한 영국 리버풀 출신의 록밴드는?	12	비틀스
13	세계체제론이라는 개념을 주창한 미국의 철학자는?	13	이매뉴얼 월러스틴
14	페니실린을 발견한 영국의 세균학자는?	14	알렉산더 플레밍
15	성차별에 반대하고 여성 해방을 주장하는 운동은?	15	페미니즘
16	《침묵의 봄》을 발표하고 화학물질의 위험성을 주장한 미국의 학자는?	16	레이철 카슨
17	DNA의 이중 나선을 해명한 학자 두 명은?	17	제임스 왓슨, 프랜시스 크릭

부록

세계사 총정리 연표

책에 등장한 주요 연도를 연대순으로 나열

연대·역사 기록·등장 페이지 수록

21세기

옮긴이 **한세희**

한국외국어대학교 대학원 일어일문학과 박사 학위를 취득하고 일본에서 인턴십을 했다. 현재 번역 에이전시 엔터스코리아 출판기획 및 일본어 전문 번역가로 활동하며 데이터 번역, 만화 번역, 미디어 통역 등을 병행하고 있다. 역서로는《처음 읽는 음식의 세계사》,《발상의 회로》,《닌텐도 디자이너의 독립 프로젝트》,《부자의 인문학》외 다수가 있다.

읽자마자 사건과 인물이 보이는 세계사 연대기

1판 1쇄 펴낸 날 2026년 1월 5일

지은이 아즈하타 가즈유키
옮긴이 한세희
일러스트 유한회사 쿠마 아트
주간 안채원
책임편집 윤성하
편집 윤대호, 채선희, 장서진
디자인 김수인, 이예은
마케팅 함정윤, 김희진

펴낸이 박윤태
펴낸곳 보누스
등록 2001년 8월 17일 제313-2002-179호
주소 서울시 마포구 동교로12안길 31 보누스 4층
전화 02-333-3114
팩스 02-3143-3254
이메일 bonus@bonusbook.co.kr
인스타그램 @bonusbook_publishing

ISBN 978-89-6494-774-6 03900

• 책값은 뒤표지에 있습니다.